Gabriele Wimmler

Weil ich alles sein kann, was ich will

Gabriele Wimmler

Weil ich alles sein kann, was ich will

Der Schlüssel zu mehr Selbstvertrauen, Lebensfreude und Erfolg

GOLDEGG VERLAG

Der Goldegg Verlag achtet bei seinen Büchern und Magazinen auf nachhaltiges
Produzieren. Goldegg Bücher sind umweltfreundlich produziert und orientieren
sich in Materialien, Herstellungsorten, Arbeitsbedingungen und Produktions-
formen an den Bedürfnissen von Gesellschaft und Umwelt.

MIX
Papier aus verantwor-
tungsvollen Quellen
FSC® C014496

2. Auflage

ISBN: 978-3-99060-170-9

© 2020 Goldegg Verlag GmbH
Friedrichstraße 191 • D-10117 Berlin
Telefon: +49 800 505 43 76-0

Goldegg Verlag GmbH, Österreich
Mommsengasse 4/2 • A-1040 Wien
Telefon: +43 1 505 43 76-0

E-Mail: office@goldegg-verlag.com
www.goldegg-verlag.com

Layout, Satz und Herstellung: Goldegg Verlag GmbH, Wien
Printed in the EU

Für Anneliese & Hans

*Das Außerordentliche geschieht nicht
auf glattem, gewöhnlichem Wege.*

JOHANN WOLFGANG VON GOETHE

INHALTSVERZEICHNIS

Vorwort

Was unterscheidet erfolgreiche Menschen von erfolglosen? Und warum öffnet sich für manche Tür um Tür, während sie für andere verschlossen bleiben? Immer wieder bekomme ich diese und ähnliche Fragen bei Vorträgen und Seminaren gestellt. In meiner jahrelangen Tätigkeit als Mental- und Persönlichkeitstrainerin sowie als Coach stelle ich immer wieder fest, dass mangelndes Selbstwertgefühl und der fehlende Glaube an die eigenen Stärken und Einzigartigkeit Menschen daran hindern, ihr volles Potenzial zu leben. Einschränkende Glaubenssätze und das Hadern über verpasste Chancen, Enttäuschungen und Schicksalsschläge stellen oft unüberwindbare Barrieren auf dem Weg der persönlichen Entwicklung und Entfaltung dar. Mit alten Mustern zu brechen und uns selbst die Anerkennung zu schenken, die wir uns nur allzu oft von anderen erwarten, ist hier der Schlüssel zur Freiheit und zum Erfolg. Nur, wenn wir selbst in unsere Einzigartigkeit vertrauen und uns selbst Wertschätzung entgegenbringen, begegnet sie uns auch im Außen. Ich persönlich bin überzeugt, dass ein gesunder Selbstwert und innere Stabilität die Basis für erfüllte private Beziehungen, aber eben auch für jeden beruflichen Erfolg bilden. Bei allem Respekt vor Fachwissen bedingt nachhaltige Persönlichkeitsentwicklung vor allem Werte wie Selbstvertrauen, Begeisterungsfähigkeit, Eigenverantwortung, Empathie, Sinngebung und Dankbarkeit. Diese gelebten menschlichen Tugenden werden als Gegenpol zur rasant fortschreitenden Digitalisierung in Zukunft immer mehr an Bedeutung gewinnen. Führungskräfte und Mitarbeiter sind zunehmend überfordert und wissen zwar, was sie zu erfüllen haben, nicht aber, was sie selbst erfüllt. Umsatz, Leistung, Konkurrenz – wir alle sind in dieser schnelllebigen Zeit einem hohen Leistungs- und Wettbewerbsdruck ausgesetzt. Wer langfristig erfolgreich sein will, muss eingefahrene Gleise verlassen und neue Wege einschlagen. Wir selbst haben die Wahl und können die passive Opferrolle wählen oder uns dazu entscheiden, aktiv zu werden und Stabilität, Zufriedenheit und letztlich Glück in uns selbst zu finden. Glück ist kein Zufallsprodukt – Glück ist eine Entscheidung und mit Tun verbunden.

In diesem Buch möchte ich dir Übungen und Methoden mitgeben, die dir dabei helfen, deinen Selbstwert zu steigern und Eigenverantwortung für dein Leben zu übernehmen. Vor allem aber möchte ich dich auf eine ganz persönliche Reise mitnehmen. Dabei geht es darum loszulassen, es geht um Mut zur Veränderung und um die alles entscheidenden Fragen: Wer bin ich wirklich und was zeichnet mich aus? Warum passiert das alles? Und wie werde ich langfristig erfolgreich und glücklich?

Bedingt durch den frühen Verlust meiner Eltern, war ich sehr bald im Leben auf mich selbst gestellt. Eines habe ich aber trotz zahlreicher Prüfungen und Schicksalsschläge nie verloren: meine Willenskraft, mein Vertrauen und den Glauben an mich und das Gute im Leben. Ich möchte dir mit meinem Buch Mut machen, an deinen Herausforderungen zu wachsen und an deine Einzigartigkeit und wahre Größe zu glauben. Ich möchte dich bestärken, deinen eigenen Weg zu gehen, groß zu denken und dir selbst keine Grenzen zu setzen – denn jeder hat das Potenzial in sich, ein Meisterwerk aus seinem Leben zu machen.

Dieses Buch liefert dir kein Patentrezept für ein erfülltes Leben, denn so individuell, wie jeder von uns ist, ist auch unser Weg dorthin. Ich zeige dir jedoch Methoden und Lösungen, die dir dabei helfen, einen Schritt in die richtige Richtung zu machen, und unterstütze dich dabei, deine persönliche Reise anzutreten – denn du kannst alles sein, was du willst!

Herzlichst
Gabriele Wimmler

I. Gewinnende Persönlichkeit als Erfolgsfaktor

Jeder Mensch hat seine eigene Bestimmung.
Jeder Mensch ist unersetzbar und sein Leben ist
unnachahmlich. Und deswegen ist auch die Aufgabe
eines jeden Menschen so einzigartig, wie auch seine
Möglichkeit, diese Aufgabe zu erfüllen, einzigartig ist.

VIKTOR FRANKL

Persönlichkeit macht den Unterschied

In unserer zunehmend digitalisierten und schnelllebigen Welt vertrete ich die These, dass letztendlich jeder große Erfolg über einen Menschen führt. Aktuelle Studien bestätigen, dass unser Erfolg nur zu 15 Prozent von unserem Fachwissen abhängig ist und zu 85 Prozent von unserer Persönlichkeit. In meinem letzten Dienstverhältnis in der Privatwirtschaft war ich als Trainerin angestellt. Es war meine Aufgabe, Kunden und Mitarbeiter zu trainieren. Die Philosophie des Unternehmens hat mich so begeistert, dass die Kunden nach meinen Trainings alle das ganze Produktsortiment bestellen wollten. Um ehrlich zu sein, hatte ich zum damaligen Zeitpunkt von der Systematik eines Verkaufsgespräches keine Ahnung und war auch nicht für den Verkauf zuständig. Also rief ich kurzerhand in unserem Unternehmen an, in dem ich damals beschäftigt war, und fragte zur Erheiterung des Bestellbüros:»Was soll ich denn machen? Alle Kunden wollen bei mir bestellen.« Und als mein Chef mich damals fragte:»Wie machen Sie das?«, war meine Antwort:»Ehrlich gesagt, ich weiß es nicht. Ich habe keine Ahnung.« Wir haben später noch öfters über diese Szene geschmunzelt. Ich durfte mich danach drei Jahre hintereinander »beste Jahresverkäuferin« nennen. Heute ist mir bewusst, meine Begeisterung und meine Identifikation mit dem Unternehmen waren mein »Erfolgsgeheimnis«. Ein weiteres Beispiel dafür war ein ehemaliger Mitarbeiter, welcher mit dem schlechtesten Fachwissen die besten Umsatzzahlen erzielte. Auf meine Empfehlung, sein Fachwissen zu verbessern, antwortete er mir:»Mich fragt keiner danach, und wenn doch, dann kann ich im Unternehmen anrufen.« Seine gewinnbringende Einstellung lautete:»Meine Kunden sind meine Freunde und so behandle ich sie.« Bei ihm war ebenso seine gewinnende Persönlichkeit sein Erfolgsfaktor. Strahlende Persönlichkeiten und authentische Menschen ziehen uns wie ein Magnet in ihren Bann.

Bereits während meiner Tätigkeit als Marketingleiterin in namhaften Unternehmen habe ich die Erfahrung gemacht, dass Produkte und Marken austauschbar sind. Was jedoch nicht ersetzbar ist, sind Beziehungen zu anderen Menschen und einzigartige, authentische Persönlichkeiten, die andere mit ihrer Begeisterung anstecken. Deshalb bin ich felsenfest davon überzeugt, dass kein technischer und digitaler Fortschritt zwischenmenschliche Beziehungen ersetzen kann. Motivierte, engagierte und mental starke Mitarbeiter sind das nachhaltigste Kapital eines erfolgreichen Unternehmens. Wir sind eine Persönlichkeit und bringen unsere Geschichte und unsere Überzeugungen überall mit hin, auch in unsere Unternehmen und in unseren beruflichen Alltag, und strahlen das auch nonverbal aus. Ob du mit deiner Vergangenheit und deiner Geschichte »versöhnt« bist, spüren Menschen, wenn sie dir begegnen. Dabei steht eine gesunde und wertschätzende Beziehung zu dir selbst immer im Vordergrund, sie ist sozusagen das Fundament für alles. Ob wir eine wertschätzende Beziehung zu uns selbst führen, strahlen wir aus, und dies fühlen Menschen auch, wenn sie uns begegnen. Die alles entscheidende Frage ist hier: Magst du dich selbst, so wie du bist? Nur, wenn wir uns selbst bedingungslos akzeptieren und wertschätzen, wie wir sind, können wir andere Menschen bedingungslos annehmen, so wie sie sind. Das gilt für alle Lebensbereiche, beruflich wie privat.

Deine Einstellung als mächtiges Erfolgsinstrument

Deine Einstellung bestimmt deine Ausstrahlung, denn wir wirken immer. Jeder Mensch spürt, was du über dich denkst, und reagiert darauf. Im Laufe eines Gespräches werden viele Informationen ausgetauscht, verbale Information durch Worte und nonverbale Information durch Gefühle, Gestik, Mimik und Körpersprache. Wenn wir anderen Menschen bewusst Information senden, verwenden wir viel Energie darauf, die richtigen Worte zu finden, und achten insgesamt weniger darauf, wie wir auf andere wirken. *Denn wie wir wirken, ist wichtiger als das, was wir sagen.* Der »Zuhörer« wird somit zum »Zuschauer«. Gerade einmal 230 Millisekunden dauert es, wenn sich zwei Menschen begegnen, und es gibt sofort eine Information »gute Schwingung« oder »schlechte Schwingung«, ohne dass auch nur ein Wort gesprochen wurde. Das ist keine Vorverurteilung.

Gedanken bestimmen unser Leben – sie erzeugen unsere Gefühle, was wir fühlen, strahlen wir aus, und was wir ausstrahlen, ziehen wir in unser Leben. Gedanken sind magnetisch und Gedanken haben eine Frequenz. Während wir denken, werden unsere Gedanken an unser Umfeld ausgesandt, und wir ziehen magnetisch alle Dinge, Situationen und Menschen an, welche die gleiche Frequenz aufweisen. Alles, was ausgesandt wurde, kehrt zum Ursprung, sprich zum Sender, also zu uns selbst, zurück.

Wir wissen, dass der Fernsehturm eines Senders eine Frequenz ausstrahlt, welche in unserem häuslichen Empfangsgerät in Bilder umgewandelt wird, und wir wissen auch, dass jeder Kanal eine bestimmte Frequenz hat. Wenn wir diese Frequenz auf unserem Gerät einstellen, bekommen wir das Programm eines bestimmten Senders auf unserem Bildschirm zu sehen. Wenn wir andere Bilder auf unserem Gerät sehen wollen, wechseln wir die Frequenz. Nach demselben Prinzip funktioniert die Macht der Gedanken. Wir sind der mächtigste Sendeturm im Universum. Alles, was wir aussenden, erschafft und gestaltet unser Leben und erschafft unsere Realität. Unsere Gedanken erschaffen also Frequenzen und wir ziehen auf der gleichen Frequenz Dinge, Situationen, Menschen und somit unsere selbst erschaffene Realität an. Wenn wir in unserem Leben etwas ändern möchten, dann ist es erforderlich, die Frequenz beziehungsweise den Kanal zu ändern, indem wir unsere Gedanken und Glaubenssätze ändern.

»Es ist der Geist, der die Welt bewegt«, sagte schon der französische Dichter Antoine de Saint-Exupéry. Der Geist kann einfach alles, nichts ist unmöglich, der Geist hat Macht über Materie. Wer zielgerichtet denkt, zieht es zwangsläufig in sein Leben, wie ein Magnet. Wir säen in jeder Minute unseres Lebens Ursachen, bewusst oder unbewusst, die sich dann als Glück oder Leid, als Erfolg oder Misserfolg, als Krankheit oder Wohlbefinden manifestieren. Gedanken sind abstrakt. Sie sind nicht die Sache selbst, ein Ausdruck einer Interpretation, sie schieben sich zwischen uns und die Wirklichkeit.

Wie denken wir?

Täglich hat ein Mensch etwa 50.000 bis 70.000 Gedanken. Aufgrund unserer Lebensumstände, der vergangenen Erfahrungen und Prägungen haben wir gelernt, eine große Anzahl dieser Gedanken negativ zu denken. Bis zum 18. Lebensjahr hört jeder Mensch 150.000 negative Suggestionen, danach täglich weitere 22. Es ist anzunehmen, dass ca. 85 Prozent aller Gedanken negativen Ursprungs sind und nur 15 Prozent positiv. Darüber hinaus sind ca. 10 Prozent der Gedanken bewusst und 90 Prozent unbewusst.

Kaum ein menschliches Organ ist so komplex und gleichzeitig so voller Geheimnisse wie das Gehirn. Es arbeitet wie ein leistungsfähiger Computer, verarbeitet Sinneseindrücke und versorgt den gesamten Organismus mit notwendigen Informationen und Befehlen. Es erschafft ein theoretisches Modell der Wirklichkeit, das es uns ermöglicht, vergangene Situationen systematisch zu verstehen und zukünftige Situationen theoretisch durchzuspielen und zu planen.

Unser Gehirn teilt sich in zwei Hälften auf, von denen die rechte intuitiv und beziehungsorientiert arbeitet, während die linke logisch und in zeitlichen Zusammenhängen denkt. Das Bewusstsein identifiziert sich im Alltag meist mit der linken Gehirnhälfte, dem Verstand, und erzeugt damit unser Ich-Empfinden, das Ego.

Bewusstsein und Geist erzeugen Realität und jeder Mensch besitzt ein machtvolles Potenzial, um seinem eigenen Leben eine neue Richtung zu geben. Neurowissenschaftler haben zum Beispiel festgestellt, dass bestimmte Gehirnareale aufleuchten, wenn Personen einen Gegenstand anschauen, und diesen Prozess auch via Computertomografie gemessen. Anschließend haben sich die Versuchspersonen denselben Gegenstand nur gedanklich *vorgestellt*. Die Messung bestätigte, dass wieder exakt die gleichen Gehirnareale aktiv werden. Wenn man mit geschlossenen Augen einen Gegenstand visualisiert, führt das zu den gleichen Ergebnissen, wie wenn man diesen anschaut. Unser Gehirn kennt also nicht den Unterschied zwischen gesehenen und vorgestellten Bildern. Das Gehirn kann nur sehen, was wir für möglich halten. So konnten zum Beispiel die Eingeborenen die Schiffe von Columbus nicht sehen, weil sie noch nie zuvor Schiffe gesehen hatten. Das Gehirn hatte keine Erfahrung oder Bilder dazu. An der Harvard University wurde zu diesem Thema eine Studie durchgeführt, in welcher Probanden, die noch nie zuvor Klavier gespielt hatten, mental täglich zwei Stunden über einen Zeitraum von fünf Tagen am Klavier übten. Ohne einen einzigen Finger zu bewegen, wurde bei ihnen im Gehirn dieselbe Veränderung festgestellt wie bei Menschen, die physisch dieselbe Übung ausführten. Das für Fingerbewegungen zuständige Hirnareal vergrößerte sich so deutlich, als hätten sie die vorgestellte Erfahrung tatsächlich gemacht.

Unsere Sinnesorgane verarbeiten die unvorstellbare Informationsmenge von 400 Milliarden Bits pro Sekunde, davon gelangen etwa 2000 Bits in unser Bewusstsein. Tatsächlich nehmen wir also nicht die Realität wahr, sondern wir sehen das Bild, das unser Gehirn aus den eingehenden Sinneseindrücken konstruiert hat. Unsere bisherigen Erfahrungen erschaffen unsere sichtbare Welt. Das Gehirn nimmt unsere Realität wahr und erschafft für uns unsere Version der Welt.

Wie genau funktioniert unser grandioses Gehirn also? Das Gehirn besteht aus ungefähr 100 Milliarden winziger Nervenzellen, den sogenannten Neuronen. Jedes Neuron hat zwischen 1000 und 10.000 Synapsen, das sind die Stellen, an denen es sich mit den anderen Neuronen verbindet. Mittels dieser Verbindungen bilden Neuronen untereinander Netzwerke, sogenannte neuronale Netzwerke oder Neuronennetze. Vereinfacht kann man sich das so vorstellen, dass jedes neuronale Netzwerk einen Gedanken, eine Erinnerung, eine Fertigkeit, eine Information repräsentiert. Die Neuronennetze sind nicht isoliert, sondern alle miteinander verbunden. Der bekannte Neurowissenschaftler Dr. Joe Dispenza geht davon aus, dass alle unsere Erfahrungen und Prägungen aus der Vergangenheit das Gehirn beeinflussen, denn all diese Erfahrungen bilden das Gefüge dessen, was in unserer Wahrnehmung in unserer Welt stattfindet. Wenn du dir also ein neues, erfülltes Leben erschaffen willst, ist es unerlässlich, deine in der Vergangenheit gedachten Gedanken zu hinterfragen und zu verändern. Sobald wir uns unserer unbewussten Verhaltensweisen bewusst sind, können wir eine neue Wahl treffen, neu denken, handeln und fühlen und somit neue Erfahrungen kreieren. Wenn wir etwas Neues lernen und neue Erfahrungen machen, stellen unsere Neuronen neue synaptische Verbindungen her und tauschen Informationen aus. Sobald wir einen neuen Gedanken denken, findet eine chemische und genetische Veränderung statt.

Positiv denken allein reicht nicht
Niemand hat je einen Gedanken gesehen und doch gibt es keinen Zweifel daran, dass jeder Mensch unablässig Gedanken produziert.

Als Mentaltrainerin bin ich natürlich laufend mit dem Thema »Mindset« konfrontiert. Ich halte jedoch nichts von dem grundsätzlichen »Positiv-denken-Trend« und auch nichts davon, immer mit der rosaroten Brille durchs Leben zu laufen, denn das Leben verläuft in Wellen und ist nicht immer positiv. Häufig stelle ich speziell in meinen Seminaren fest, wie sehr dieses »Ich *muss* ja positiv denken« die Betroffenen stresst. Negative Gedanken und auch Emotionen, wie zum Beispiel Angst, Wut, Trauer und Schmerz, werden dadurch häufig unterdrückt und arbeiten im Unterbewusstsein. Wir sind Meister im Verdrängen; was uns aber immer bewusst sein muss: Negative Emotionen und Gedanken lösen sich nicht einfach in Luft auf, wir können sie erst transformieren, wenn wir bereit sind, für sie die Verantwortung zu übernehmen, sie anzunehmen und bejahend zu fühlen. Denn alles, was bisher in deinem Leben geschah, hat damit zu tun, was du bisher gedacht hast, ob bewusst oder unbewusst. Positiv denken heißt vielmehr, sich den Herausforderungen des Lebens zu stellen und aus jeder Situation das Beste zu machen und sich zu entscheiden, neu zu denken, zu handeln und zu fühlen.

Positives Denken kann von jedem erlernt werden. Unter positivem Denken versteht man vor allem, nicht mit der rosaroten Brille durch die Welt zu laufen, alles schönzureden und »negative« Emotionen zu leugnen oder zu unterdrücken, sondern vielmehr die eigenen Gefühle anzunehmen, den Ist-Zustand zu akzeptieren und aus jeder Herausforderung das Beste zu machen.

Der positiv Denkende

- handelt nach seinen eigenen Wünschen und Vorstellungen,
- hat ein gesundes Selbstwertgefühl,
- will seine Fähigkeiten und Talente ausschöpfen,
- konzentriert sich auf die guten Seiten einer Sache,
- kann negative Begebenheiten schnell abhaken,
- hat eine optimistische Lebenseinstellung,
- versucht das Gute in jedem Menschen zu sehen,
- sieht Niederlagen und Misserfolge als Lernprozess,
- ist fröhlich und schenkt jedem ein Lächeln,
- drückt Lob und Anerkennung aus,

- malt sich seine Zukunft in den schönsten Farben,
- denkt vorrangig an das, was er erleben möchte.

Wir können nicht jedes Ereignis in unserem Leben kontrollieren, aber wir können jeden Tag neu entscheiden, was wir
in Bezug auf diese Ereignisse glauben, fühlen und denken,
denn wir sind keine Opfer, sondern Schöpfer!

Die Macht negativer Überzeugungen und Glaubenssätze

Die Macht des Universums kritisiert uns niemals, sie spiegelt
uns nur unsere Lebensanschauung wider. Wenn ich glauben
möchte, dass das Leben Einsamkeit bedeutet und dass mich
niemand liebt, dann werde ich genau das in meiner Welt wie-
derfinden. Wenn ich jedoch bereit bin, mich von dieser Überzeugung zu lösen und mir selbst gegenüber zu bestätigen,
dass »Liebe überall ist«, dass ich »liebe und liebenswert bin«
und an dieser neuen Aussage festhalte und sie so oft wie
möglich wiederhole, dann wird sie sich mir bewahrheiten.

Als Kinder lernen wir durch Beobachtung der Reaktionen der Erwachsenen, wie wir uns und das Leben zu empfinden haben. Es kommt auf die Art und Weise an, in der wir
von unserer Umgebung Eltern, Geschwister, Freunde lernen,
über uns und die Welt zu denken. Wenn wir mit Menschen
gelebt haben, die sehr unglücklich und verängstigt waren,
die sich schuldig gefühlt haben oder verärgert waren, dann
haben wir diese negative Prägung gespeichert. Ein derartiges
frustriertes Umfeld kann sich zum Beispiel in permanenten
Schuldgefühlen oder Überzeugung wie »Ich mache nie etwas
richtig«, »Das ist mein Fehler«, »Ich bin ein Versager«, »Ich
bin nicht gut genug«, »Ich darf mich nicht so wichtig nehmen« im Leben äußern. Ich nenne das den »Graue-Maus-

Sender«. Weitere einschränkende Glaubenssätze können ein Hinweis darauf sein, dass du den »Graue-Maus-Sender« eingestellt hast, ohne dass es dir bewusst ist. Überprüfe, ob folgende Sätze vielleicht auch für dich zutreffen:

- Das Leben ist ein Kampf, ich muss für meinen Erfolg hart arbeiten.
- Mir passiert nie etwas Gutes.
- Niemand kümmert sich um mich.
- Ich werde nie Erfolg haben.
- Keiner interessiert sich für mich.
- Ich werde nicht ernst genommen.

Jede deiner Überzeugungen wird Realität, das bestätigt folgende Geschichte: Wenn du den »Graue-Maus-Sender« eingestellt hast, der zum Beispiel den Glaubenssatz aussendet »Ich bin wertlos und verdiene es nicht, erfolgreich und glücklich zu sein«, erzeugt das schlechte Gefühle, die wiederum zu Misserfolg führen. Der oder die Betroffene macht eine entsprechende Erfahrung, welche den eben erwähnten negativen Glaubenssatz bestätigt.

In meinem Seminaralltag erlebte ich das bei einer Teilnehmerin, die sich zwei Jahre lang vergeblich um eine Gehaltserhöhung bemühte und schon sehr demotiviert war, da sie immer mit einem höflichen »Es tut uns leid, wir haben leider kein Budget« vertröstet wurde. In unserem Gespräch während des Trainings stellte sich heraus, dass ihr Selbstwert äußerst gering war und sie unbewusst gar nicht daran glaubte, eine Gehaltserhöhung verdient zu haben, obwohl sie eine hervorragende, qualifizierte Mitarbeiterin war und ihr bewusster Verstand das auch wusste. Ihr Unterbewusstsein hatte den »Graue-Maus-Sender« eingestellt und sendete den negativen Glaubenssatz der Wertlosigkeit aus. Dieses Beispiel ist eine weitere Bestätigung dafür, wie sehr uns unsere unbewussten Programme davon abhalten, ein erfolgreiches, erfülltes Leben zu führen. Sie arbeitete konsequent mit den Affirmationen an ihrem Selbstwert und stellte ihren Sender auf »Diamantensender« um. Nach einem halben Jahr rief mich die Teilnehmerin nach ihrem Mitarbeitergespräch hocherfreut an, sie habe die Zusage für ihre langersehnte Gehaltserhöhung erhalten. Dieses Bespiel und viele weitere bestätigen, dass wir immer in unseren Glaubenssätzen bestätigt werden, denn unser Unterbewusstsein widerspricht nicht.

Als Erwachsene neigen wir dazu, erneut die emotionale Umgebung unseres früheren Zuhauses aufzubauen: Das ist weder gut noch schlecht, es ist einfach das, was wir innerlich als »Zuhause« kennen. Wir neigen auch dazu, unsere persönlichen Beziehungen und auch unser berufliches Umfeld wieder so zu gestalten wie die Beziehung, die wir zu unserer Mutter oder unserem Vater hatten oder wie sie zwischen ihnen war. Wie oft haben wir einen Freund oder Vorgesetzten, der genau wie unsere Mutter oder unser Vater agiert und uns an ihre Verhaltensmuster erinnert? Das Entscheidende aber ist: Wir behandeln uns selbst auch so, wie unsere Eltern uns behandelt haben. Wir beschimpfen oder bestrafen, lieben und ermutigen uns auf dieselbe Art, wie wir es als Kinder erlebt haben. Negative Überzeugungen prägen viele von uns jedoch häufiger als zum Beispiel die positiven wie: »Ich bin einzigartig und wunderbar«, »Ich bin erfolgreich und intelligent«, »Ich bin allen Herausforderungen gewachsen«, »Ich glaube an mich und an meine Fähigkeiten«.

Alles, was sich bis zum jetzigen Zeitpunkt in deinem Leben ereignet hat, ist durch deine Gedanken und Überzeugungen, an denen du in der Vergangenheit festgehalten hast, verursacht worden. Den meisten von uns ist das jedoch nicht bewusst, denn niemand wünscht sich schmerzhafte Beziehungen, Krankheit, beruflichen Misserfolg oder Geldmangel im Leben. Trotzdem haben wir diese Situationen in unserem Leben, da wir zu 90 Prozent aus unserem Unterbewusstsein gesteuert sind. Dieses bewertet nicht und saugt völlig unkontrolliert alles auf. Es wird dir genau jene Selbsteinschätzung liefern, die du dir selbst suggerierst. Nimm deshalb die Sache selbst in die Hand: Die Vergangenheit ist vorbei und abgeschlossen. Ausschlaggebend ist nur, für welche Gedanken und Überzeugungen du dich jetzt entscheidest. Jeder kennt die selbsterfüllende Prophezeiung.

Selbsterfüllende Prophezeiung

Unser Denken, Verhalten und Handeln werden vorwiegend mental gesteuert. Unser Unterbewusstsein kennt keine Bewertung und weiß nicht, ob das, was wir glauben, Wirklichkeit ist. Von der selbsterfüllenden Prophezeiung (engl. »selffulfilling prophecy«) sprechen wir, wenn Vorstellungen zur Realität werden. Es handelt sich dabei um das Eintreten von Ereignissen, die wir uns vorstellen und von denen wir überzeugt sind, dass sie sich verwirklichen. Es ist die Annahme, dass etwas den Tatsachen entspricht, das in deiner Vorstellung existiert. Die Auswirkungen der Prophezeiungen sind enorm, denn die Erwartungshaltung wird *immer* bestätigt, sodass der Glaube an etwas zur »eigenen« Realität wird. Was der Vorhersagende als wahr annimmt, erfüllt sich, auch wenn er sich irrt und von falschen Tatsachen ausgeht. Er wird also permanent in dem bestätigt, was er glaubt. Das funktioniert im Positiven wie im Negativen. Ich habe bereits in der Einleitung davon geschrieben, dass wir als »wandelnder Sendeturm« durch das Leben gehen und genau das anziehen, was wir ausstrahlen. Deshalb verwende ich in meinen Trainings als Negativ-Beispiel gerne die Metapher des »Graue-Maus-Senders«. Die graue Maus schickt die mit negativen Gedanken behaftete negative Frequenz aus. Dies erzeugt schlechte Gefühle, diese wiederum führen zu Misserfolg und geringem Selbstwertgefühl und die »graue Maus« wird in ihrem Gefühl bestätigt. Der feste Glaube an die Annahme, wie zum Beispiel: »Diese Prüfung kann ich nicht schaffen« oder »Diesen Job werde ich nicht bekommen«, wird immer bestätigt. Das ist auch der Grund dafür, warum erfolglose Menschen immer erfolgloser werden und erfolgreiche immer erfolgreicher.

Die Menschen, die den »Diamantensender« eingestellt haben, werden ebenfalls in ihrem Glaubenssatz bestätigt. Sie schicken positive Gedanken aus, diese erzeugen gute Gefühle, welche wiederum zu konstruktiven Handlungen und Erfolg führen. Durch dieses strahlende Selbstbild werden die Betroffenen ebenfalls durch ihre Erfahrungen bestätigt. Hast du zum Beispiel ein bevorstehendes Vorstellungsgespräch und gehst mit der positiven Erwartung zum Termin, dass der Chef begeistert von deinen Fähigkeiten sein wird, wird er mit sehr hoher Wahrscheinlichkeit entsprechend reagieren und du wirst den Job auch bekommen. Der starke Glaube an sich selbst macht deshalb optimistische Menschen so erfolgreich. Sie sind nicht begabter als Pessimisten, jedoch sind sie zu 100 Prozent davon überzeugt, dass sie ihre Ziele erreichen und sich ihre Wünsche erfüllen werden. Stelle deshalb ab heute den »Diamantensender« ein und habe stets eine positive Erwartungshaltung, so sicherst du dir in allen Lebensbereichen einen Vorsprung. *Deine persönliche selbsterfüllende Prophezeiung ist der Grund dafür, weshalb du Glück hast, aber auch die Erklärung, warum du scheiterst.* Dein Glaube und deine Vorstellungskraft ist ein machtvolles Instrument und gibt dir die Möglichkeit, *jede* unbefriedigende Situation positiv zu verändern. Nehmen wir doch diese Macht an und entscheiden uns für ein selbstbestimmtes Leben.

Es tritt also immer das ein, was du erwartest. Ein Kreislauf entsteht, denn deine Vorstellungen beeinflussen das Handeln, was auf das Denken und Tun anderer dir gegenüber Auswirkungen hat. Die Reaktionen auf dieses Verhalten bestätigen wiederum deine Erwartungen. Und genau hier liegt die Gefahr, wir werden *immer* in unseren Glaubenssätzen und Erwartungshaltungen durch die Erfahrungen, die wir machen, bestätigt. Somit erleben wir immer »Beweise« für unsere »Einstellung« und unsere Überzeugungen werden dadurch noch mehr vertieft. Diesen automatisierten Mechanismus können wir wie oben angeführt auch positiv für uns nutzen. Schließlich ist das Unterbewusstsein so programmiert, dass es Wünsche erfüllen will. Es gibt nur einen Haken. Das Unterbewusstsein kann nicht erkennen, ob etwas gut oder schlecht für uns ist. Redest du dir zum Beispiel jeden Tag ein, dass du den ersehnten Job nicht bekommst oder die Aufnahmeprüfung bestimmt nicht schaffen wirst, meißelt sich diese Vorstellung so in das Gehirn ein, dass sie sich erfüllt. Natürlich kannst du diese selbsterfüllende Prophezeiung auch positiv für dich nutzen. Wenn du davon überzeugt bist, dass du dein Ziel erreichst, erhöhst du dadurch deine Chancen enorm. Genau nach diesem einfachen Prinzip funktioniert die selbsterfüllende Prophezeiung.

Mit unserer Erwartungshaltung können wir auch die Menschen in unserem Umfeld beeinflussen, was als Pygmalion-Effekt bezeichnet wird. Glaubst du an den Erfolg deines Partners oder eines Arbeitskollegen, trägst du so unbewusst dazu bei, dass derjenige sein Projekt erfolgreich realisieren wird. Deshalb ist es wichtig, dass du deine Projekte und Ziele, insbesondere in der Anfangsphase, nur mit Menschen teilst, die dich unterstützen und an dich glauben. Mir ist bewusst, dass es nicht immer leicht ist, an die eigenen Fähigkeiten oder die der anderen zu glauben.

Folgende »Motivationsbooster« unterstützen dich dabei, eine positive Vorstellung zu entwickeln. Frage dich, welche Ziele du erreichen möchtest und welchen Einsatz du bereit bist dafür zu geben. Visualisiere regelmäßig deine Ziele und Träume und bleibe stets optimistisch, denn dann können Selbstzweifel deine positive, selbsterfüllende Prophezeiung nicht zerstören.

Ein Beispiel für die Wirkung unserer Überzeugungen ist der mittlerweile wissenschaftlich anerkannte Placebo-Effekt. Patienten nehmen Präparate ohne Wirkstoffe ein, wissen aber nicht, dass die Medikamente wirkungslos sind. Der Gesundheitszustand verbessert sich aufgrund der positiven Erwartungshaltung. Dies ist ein weiterer Beweis dafür, welchen Einfluss unser »Glaube« auf unser »Körper-Geist-System« hat. Glaubst du also an deine Genesung, mobilisierst du dadurch deine Selbstheilungskräfte. Befürchtet ein Mensch, er hätte hohen Blutdruck, ergibt die Messung tatsächlich gestiegene Werte. Zahlreiche angewandte Tests an Patienten mit Asthma, Arthrose, Depressionen bestätigten, dass unser Geist »Wunder vollbringen kann«.

Bedenke jedoch an dieser Stelle, wenn positives Denken uns nachweislich aus einer Depression holen und ein entzündetes Knie heilen kann, was alles kann im Gegenzug negatives Denken in unserem Leben anrichten? Wenn unser Glaube und die positive Erwartungshaltung zur Heilung beiträgt, was passiert im Umkehrschluss? Durch negative Erwartungshaltungen und Suggestionen schädigen wir unsere Gesundheit, diesen Effekt nennt man den Nocebo-Effekt. Dieser kann genauso mächtig sein, wie der Placebo-Effekt. Das sollten wir jedes Mal bedenken, wenn wir ins Sprechzimmer eines Arztes treten. Für die Ärzte unter uns gilt außerdem zu verinnerlichen: Durch die Wortwahl und die Haltung können Ärzte ihren Patienten Hoffnung geben, aber auch alle Hoffnung nehmen.

Ich selbst erlebte hautnah die Wirkung eines solchen Glaubenssatzes. Es war im Juni 1992, ich war damals 21 Jahre alt, als wir über die Krebsdiagnose unserer Mutter informiert wurden. Der behandelnde Arzt holte meine Geschwister und mich in das Besprechungszimmer und informierte uns über die Diagnose »Darmkrebs« und meinte im selben Atemzug: »Die Lebenserwartung beträgt drei Monate.« Wir waren im Schockzustand und kaum zu einer Reaktion fähig. Meine Mutter lebte noch genau ein Jahr. Mit meinem heutigen Bewusstsein würde ich in solch einer vergleichbaren Situation anders reagieren. Ich finde eine »realistische Einschätzung« des Gesundheitszustandes wichtig, eine konkrete Zeitprognose abzugeben, jedoch auch eine Anmaßung. Es nimmt dem Betroffenen und der Familie jegliche Hoffnung. Übernimm deshalb keine Aussage aus deinem Umfeld kritiklos und überprüfe jeden Glaubenssatz kritisch.

Wir haben also die Macht zu denken, was immer wir wollen, schließlich sind wir keine Opfer, sondern Schöpfer und als solche haben wir ein machtvolles Instrument geschenkt bekommen – unseren freien Willen. Die Macht des freien Willens bedeutet aber auch, totale Verantwortung für sein Leben zu übernehmen. Wir sind verantwortlich für alles, was wir denken. Wir sind Herrscher unserer Gedanken und nicht umgekehrt. Für den einen ist dieser Umstand ein Fluch, für den anderen ein großer Segen. Der eine denkt, er kann alles schaffen, der andere denkt, ihm gelingt nie etwas. Alles ist möglich und es ist *deine Entscheidung*. Was immer du denkst, wird zu *deiner Wahrheit*. Wir Menschen sind die intelligentesten Wesen auf diesem Planeten. Unsere große Freiheit liegt darin, auf einen bestimmten Reiz nicht immer gleich zu reagieren. Wir können uns unsere Reaktionen aussuchen und damit selbst bestimmen, wie wir uns fühlen »wollen«. Deshalb haben wir jeden Tag aufs Neue die Wahl, über das Leben, über die Welt, über die anderen und uns selbst zu denken, was immer wir wollen.

Gedankendisziplin versus Gedankenhygiene
Deine Persönlichkeit besteht aus unzähligen einzelnen Eigenschaften, Besonderheiten, Gewohnheiten und Charakterzügen, diese sind das Resultat deiner bisherigen Denkwei-

sen, aber sie haben nichts mit deinem wahren »Ich« zu tun. Die großartigste und wundersamste Kraft, die dem »Ich« je gegeben wurde, ist die Kraft zu denken. Aber nur wenige Menschen wissen, wie man konstruktiv denkt, und daher erreichen sie auch nicht die gewünschten Ergebnisse. Es gibt einen Grund, warum die meisten Menschen nicht haben, was sie wollen, weil sie mehr daran denken und auch darüber sprechen, was sie nicht wollen, als an das, was sie wollen.

An dieser Stelle erzähle ich immer gern eine lustige Geschichte aus meinem Alltag: Als ich eines Nachmittags mit meiner Freundin im Café saß, studierte sie die Karte und ging dabei all jene Getränke laut durch, die sie nicht bestellen wollte. Während ich meinen Cappuccino bereits bestellt hatte, selektierte meine Freundin immer noch mit den Worten: »Das mag ich nicht, dieses auch nicht und jenes Getränk auch nicht.« Schmunzelnd erlaubte ich mir an dieser Stelle die Bemerkung: »Bist du weißt, was du willst, habe ich schon den zweiten Cappuccino bestellt.« Diese Geschichte ist bezeichnend für unser Leben, denn wir lenken unsere Aufmerksamkeit viel häufiger auf die Dinge und Situationen, die wir nicht wollen, als auf die Dinge und Situationen, die wir wollen.

Betreibe deshalb regelmäßig Gedankendisziplin und kontrolliere deinen bewussten Verstand. Die meisten Menschen haben sich der Automatik ihrer Gedanken ergeben. Sie steuern ihr Denken nicht mehr bewusst, alles wird nur noch von einem verselbstständigten Denkprogramm gelenkt.

Achte deshalb darauf, was du denkst und sprichst, und stelle deinen negativen Gedanken ein geistiges Stoppschild auf. Wichtig ist es, sich dabei nicht unter Druck zu setzen, wenn negative Gedanken wieder mal anklopfen, sondern diese im ersten Schritt anzunehmen und ihnen zu gestatten, da zu sein. Man kann mit diesen Gedanken auch in Kontakt treten und mit ihnen kommunizieren, indem du zum Beispiel Sätze denkst wie: »Ich kenne euch und ihr seid mir sehr vertraut, aber ab heute entscheide ich mich, neu zu denken und euch gegen positive, konstruktive Gedanken auszutauschen.« Stelle dir dabei vor, wie deine »negativen Gedanken« wie Wolken vorüberziehen. Du wirst dabei zum Beobachter deiner Gedanken und lernst so, dich nicht mehr mit ihnen zu identifizieren. Ebenfalls sehr hilfreich ist es, negative Gedanken aufzuschreiben und das Blatt Papier dann zu verbrennen oder mit einer Schere zu zerschneiden. Eine weitere wirksame Übung ist, die negativen, belastenden Gedanken in einer Kiste zu verstauen und diese wegzuräumen.

Im Gegenzug dazu ist es wichtig, nur noch über das zu denken und zu sprechen, was du willst und bewusst in dein Leben lassen willst. So wirst du zum Wächter an deiner Pforte zu deinem unterbewussten Speicher. Unerwünschte Gedanken kannst du mit Sofortwirkung ändern. Willkommen sind Eindrücke, die dich aufmuntern und dir ein gutes Gefühl geben. Fördere das positive Selbstgespräch, indem du dich selbst ermutigst, anerkennst, lobst und wertschätzt. Jeder Mensch spürt, was du über dich denkst, und reagiert darauf.

Blockierende Glaubenssätze äußern sich in unserem Alltag in starken Gefühlen, Ängsten, Zweifeln und vor allem in einem schlechten Selbstwertgefühl. Eine der stärksten Ängste ist dabei, nicht anerkannt zu sein, nicht gut genug zu sein oder zu versagen. Wenn wir unsere Unvollkommenheit annehmen, dann können wir aufhören, anderen ständig etwas beweisen zu müssen.

Ein starkes Selbstwertgefühl nimmt auch die Angst vor Konkurrenz und Misserfolge werfen uns nicht gleich aus der Spur.

Übung

Die folgende Übung hilft dir dabei festzustellen, ob deine Überzeugungen hilfreich oder schädlich sind. Frage dich dabei, von wem du aus deinem Umfeld welche Überzeugungen kritiklos übernommen hast:

- Eltern, Großeltern

- Lebenspartner

- Lehrer

- Freunde, Bekannte

- Meinungsbildner

- Vorgesetzte

- Radio, Fernseher, Zeitungen, Bücher

Notiere jeweils drei deiner Überzeugungen:

- Wie denkst du über dich und deine Fähigkeiten?

....

....

....

- Wie denkst du über dein Umfeld (Partner, Freunde, Familie)?

....

....

....

- Wie denkst du über Geld und Wohlstand?

. . . .

. . . .

. . . .

- Wie denkst du über deine Arbeit, Chef, Kollegen, Kunden?

. . . .

. . . .

. . . .

- Wie denkst du über deine Zukunft?

. . . .

. . . .

. . . .

Unsere Überzeugungen prägen sich durch regelmäßige Wiederholungen in unser Unterbewusstsein. Sag etwas lange genug, oft genug, intensiv genug und mit genügend Überzeugungskraft und irgendwann glaubst du es. So funktionieren unsere Programmierungen, im Positiven wie im Negativen. Unser Unterbewusstsein ist unsere »innere Datenbank«, vergleichbar mit einem Autopiloten, der 90 Prozent unseres Verhaltens steuert, nur 10 Prozent nimmt das bewusste Denken ein. Ein Programm wird durch Emotion und Wiederholung erstellt.

Wie »fatal« sich solche Programmierungen auf unser Leben auswirken, erlebte ich erst kürzlich wieder in einem Einzelgespräch. Eine Mutter kam mit ihrem »lernschwachen« Sohn zu mir. Sein großer Wunsch war es, eine Tischlerlehre zu beginnen. Ihm wurde von seiner Lehrerin im letzten Schuljahr gesagt, dass er die Aufnahmeprüfung aufgrund seiner »Lernschwäche« mit Sicherheit nicht schaffen würde, er solle sich doch lieber für einen anderen Beruf entscheiden. Der Glaubenssatz der Lehrerin, »die Aufnahmeprüfung nicht zu schaffen«, hat sich fest im Unterbewusstsein des Jungen verankert und wurde zur Realität. Nach fünf Monaten intensiver »Selbstwert-Programmierung« (siehe Übung am Ende des Kapitels) schaffte er letztendlich in einem anderen Betrieb die Aufnahmeprüfung und einer erfolgreichen Lehre stand somit nichts mehr im Wege. Wir alle sollten deshalb sehr achtsam sein, was unsere Wortwahl betrifft und damit, was wir anderen Menschen an Glaubenssätzen auf deren weiteren Lebensweg mitgeben. Insbesondere Vorgesetzte, Pädagogen und Autoritätspersonen in allen Lebensbereichen tragen hier eine große Verantwortung. Unsere Gesellschaft braucht wieder mehr »Mutmacher« anstelle von »Angstmachern«.

Positive Affirmationen – wie und warum sie wirken
Affirmationen sind positive Glaubenssätze, die man beständig wiederholt. Es sind Bejahungen, die unsere Lebensziele verstärken. Sie werden dazu verwendet, um nicht hilfreiche Überzeugungen durch hilfreiche, positive Überzeugungen zu ersetzen. Die Form dafür ist das positive Selbstgespräch.

Affirmationen sind einfache, klar und positiv formulierte Sätze. Werden sie entsprechend wiederholt, dienen sie dazu, das Unterbewusstsein zuverlässig mit neuen Informationen zu versorgen. Ziel ist es, mit ihrer Hilfe Blockaden zu lösen und überholte, festgefahrene und negative Gedankenstrukturen und Glaubenssätze zu überspeichern und durch neue positive, befreiende inspirierende Gedankenmuster zu ersetzen. Sie helfen uns am schnellsten, negative Glaubenssätze zu transformieren. Bei regelmäßiger Wiederholung wandern sie tief in unser Unterbewusstsein und verändern unsere gesamte Grundeinstellung sowie unsere Hirnfunktion. Affirmationen zählen zu den wirkungsvollsten, physiologischen Werkzeugen, um sich persönlich weiterzuentwickeln und Ziele zu erreichen.

Im Mentaltraining gehören Affirmationen zum täglichen Training. Setze dieses wertvolle Tool ein, um dein Unterbewusstsein auf Erfolg und Selbstwertschätzung zu programmieren.

Wie funktionieren Affirmationen also genau? Jede Affirmation ist wie ein ausgesandter Befehl an das Unterbewusstsein. Affirmationen wandeln alte Überzeugungen und programmieren dein Unterbewusstsein um. Alte Glaubenssätze und Überzeugungen verlieren so ihre Wirkung. Nach dem Gesetz der Resonanz werden die neuen Überzeugungen in dein Leben gezogen.

Es reicht jedoch nicht, einfach die Affirmationen aufzusagen – du hast es hier immerhin mit deinem Unterbewusstsein zu tun und das »denkt und bewertet nicht«, sondern reagiert auf Bilder, Emotionen und vor allem auf deinen Glauben und lässt sie Gestalt annehmen. Wichtig dabei ist, dass wir unseren Affirmationen absoluten Glauben schenken, denn du kannst nur das in dein Leben lassen, was du auch wirklich glauben und fühlen willst. Sei also bewusst, jedes Bild und jeder Glaubenssatz in dir wird Wirklichkeit. Affirmation gibt es zu den verschiedensten Lebensbereichen wie Erfolg, Selbstvertrauen, Partnerschaft und Gesundheit. Wähle jene Affirmationen, die sich für dich am besten anfühlen. Versuche deine Affirmationen frei von Widerständen aufzusagen. Diese sollten in dir ein angenehmes und positives Glücksgefühl auslösen. Aus meiner Praxiserfahrung weiß ich, dass der Satz »Ich bin einzigartig und liebenswert« vielen Menschen schwerfällt. Viel zu lange waren sie in ihrem Leben vom Gegenteil überzeugt und bekamen das von ihrem Umfeld gespiegelt. Bei zu großem innerem Widerstand empfehle ich, sich dem Satz schrittweise anzunähern, indem wir zum Beispiel Formulierungen wählen wie »Ich mag mich« oder »Ich mag mich jeden Tag mehr«.

Man kann die Wirkung von Affirmationen verstärken, indem man sich vor den Spiegel stellt, sich selbst in die Augen sieht und die Affirmation dabei laut ausspricht beziehungsweise sich selbst vorsagt. Wie stark hier unser innerer Widerstand sein kann, habe ich in einem sehr bewegenden Fall in einem Einzelcoaching erlebt. Eine Klientin erhielt von mir die Aufgabe, die Spiegelübung mit den Selbstwert-Affirmationen durchzuführen. Beim Satz »Ich liebe mich so, wie ich bin« gab sie mir das Feedback »Ich kann diesen Satz nicht sagen, ich könnte den Spiegel einschlagen«. Das und noch viel mehr können jahrzehntelange Überzeugungen in uns auslösen. Hier bietet es sich an, sich dem Thema »Selbstwertschätzung« in langsamen Schritten anzunähern, indem man die Überbrückung »Von Tag zu Tag mag und schätze ich mich mehr« wählt.

- *Erstellung von Affirmationen:* Affirmationen sollten einen klaren »Ich-Bezug« haben. Sie sollten mit »Ich bin« und »Ich habe« beginnen und maximal aus zehn Wörtern bestehen. Formuliere dabei immer in der Gegenwart und positiv, vermeide Negationen wie »ohne, kein, nicht«.

- *Anwendung:* Sprich deine positive Affirmation täglich und mindestens 30 Tage lang zweimal laut aus. Am besten gleich morgens vor dem Aufstehen und abends vor dem Einschlafen. Trage deine positiven Gedanken am besten schriftlich in Form eines Notizzettels immer bei dir und lies diese mehrmals täglich.

Beispiel-Affirmationen zur Programmierung deines Selbstwertes von »graue Mause« auf »Ich bin ein Diamant«.

- Ich bin einzigartig und wertvoll.
- Ich bin allen Herausforderungen gewachsen.
- Ich bin in jedem Augenblick Schöpfer meines Lebens.
- Ich öffne mich der Schönheit des Lebens.
- Ich bin die wichtigste Person in meinem Leben.
- Ich bin voller Energie und Lebendigkeit.
- Ich respektiere und gebrauche meine besonderen Talente und Fähigkeiten.
- Ich achte auf mein Denken und wähle bewusst gesunde Gedanken, in denen ich bin, was ich denke.
- Ich verdiene nur das Beste und öffne mich jetzt dafür.
- Ich bin erfolgreich in allem, was ich tue.
- Mein strahlendes Sein zieht freudige Ereignisse in mein Leben!

Die Macht des ersten Eindruckes

Die Qualität unserer Kommunikation bestimmt unsere Beziehungsqualität, beruflich wie privat. Die Qualität unserer Beziehungen bestimmt wiederum unsere Lebensqualität. Kommunikation ist der Austausch von Nachrichten zwischen einem Sender A und einem Empfänger B. Im Laufe eines Gespräches werden viele Informationen ausgetauscht – nonverbal durch unsere Körpersprache und Emotionen sowie verbal durch Worte. Die meisten jedoch sind in einem Dialog vor allem auf die richtige Wortwahl und dessen Inhalt bedacht, dass sie dabei ganz vergessen, dass unser Gegenüber mehr wahrnimmt als nur das Gesagte. Der Gesprächspartner »fühlt« unsere Ausstrahlung und Einstellung und er nimmt uns vor allem auch mit dem Auge wahr. Der »Zuhörer« wird somit zum »Zuschauer«.

Im vorigen Kapitel ging es in erster Linie um deine Einstellung, deine Ausstrahlung und dein Charisma. Hier geht es vor allem um äußere Faktoren wie Körpersprache, äußeres Erscheinungsbild und Stimme. Wir beurteilen beispielsweise Bücher nach deren Cover und Titel und Menschen nach ihrem Aussehen. Das kann man verurteilen oder so hinnehmen. So ticken wir Menschen. Studien zufolge dauert es allenfalls 230 Millisekunden, danach steht für uns nahezu unveränderlich fest, wie wir eine Person einschätzen, wer uns als attraktiv, sympathisch und vertrauenswürdig erscheint und wer nicht. So stark ist die Macht des ersten Eindrucks. Worauf achten wir dabei besonders und was prägt diesen ersten Kontakt? Womit gewinnen wir andere Menschen für uns?

Studien bestätigen, dass allein die Wirkung unserer Worte zu 38 Prozent von der Stimme, also von Tonfall und Betonung, abhängt. 55 Prozent machen Gestik und Mimik aus und nur 7 Prozent der Inhalt. Diese Zahlen gehen auf Studien des US-Psychologen Albert Mehrabian aus dem Jahr 1967 zurück.

Folgende Faktoren beeinflussen unsere Wirkung auf unser Gegenüber:

- *Körpersprache*: Die Körpersprache ist das sichtbare Äußere und ist eng mit unseren Emotionen und unserer Einstellung verbunden. Unser Körper drückt aus, wie wir uns fühlen. »Während ein Mensch 1000 Worte spricht, schickt der Körper bis zu 700.000 nonverbale Signale aus. Der Mund kann lügen, die Körpersprache jedoch nie, denn der Körper drückt aus, wie wir uns fühlen. Um von unserem Gegenüber sicher, kompetent und selbstbewusst wahrgenommen zu werden, gilt es körpersprachlich Folgendes zu beachten: Aufrechte Körperhaltung, Schultern nach oben und nicht hängen lassen, Brust heraus (nicht übertrieben, einem geraden Stand angepasst), Arme und Beine nicht verschränken/ übereinanderschlagen, klare, offene Gestik, sicherer, hüftbreiter Stand sowie Bauchatmung.

- *Augenkontakt:* Augenkontakt schafft Nähe und Vertrauen. Augen sind die Türen zur Seele. Wer die Seele des Menschen erreicht, erreicht den Menschen. Wir wirken als Persönlichkeit noch stärker, wenn wir Augenkontakt suchen. Halte bereits bei der Begrüßung Blickkontakt zu deinem Gesprächspartner, das vermittelt ehrliches Interesse an deinem Gegenüber und zeigt deine Offenheit und Aufgeschlossenheit. Zudem verstärkt es dein selbstbewusstes Auftreten. Dadurch erscheinst du deinem Gegenüber automatisch sympathischer.

- *Stimme:* Stimme kommt von Stimmung und deshalb drückt unsere Stimme auch klar aus, wie wir uns fühlen. Oftmals trifft man auf Menschen, die so wenig Selbstvertrauen haben, dass sie nicht einmal im Stande sind, ihren Namen klar und deutlich zu nennen. Es gibt hier eine Grundregel: Je leiser man seinen Namen ausspricht, desto unwichtiger fühlen wir uns. Dein Name ist deine Visitenkarte und zeichnet dich als einzigartige Persönlichkeit aus. Das sollte doch Grund genug sein, um diesen laut, selbstbewusst und stolz auszudrücken! Neben einer wertschätzenden Wortwahl bestimmt insbesondere der Ton den Verlauf eines Gesprächs. Mit unserer Stimme beeinflussen wir maßgeblich, wie wir auf andere wirken. Tiefe Stimmen empfinden wir grundsätzlich angenehmer und sympathischer, ihre Träger nehmen wir als souverän, selbstsicher und kompetent wahr. Helle, piepsige oder schrille Stimmen hingegen werden häufig als inkompetent, unsicher, unsachlich oder sprunghaft wahrgenommen. Gezielte Atemübungen oder ein Stimmtraining hilft dir dabei, das Optimum aus deiner Stimme herauszuholen.

• *Inhalt:* Nicht *was* du sagst, ist wichtig, sondern *wie* du es sagst. Wenn der Inhalt nur sieben Prozent eines Gespräches ausmacht, ist klar, worauf wir unseren Schwerpunkt legen. Beim Inhalt ist es unter anderem vor allem wichtig, auf ein angemessenes Sprechtempo zu achten. Jeder Mensch hat sein eigenes Sprechtempo, damit drückt er seine Persönlichkeit aus. Viele Menschen reden jedoch viel zu schnell. Um gut verstanden zu werden, ist es deshalb wichtig, langsamer zu sprechen beziehungsweise sich auf das Sprechtempo seines Gegenübers einzustellen. Ebenso wichtig sind Pausen. In dieser Zeit bekommt der Gesprächspartner das Gesagte zu verstehen und verarbeitet es. Pausen sollten in einem Gespräch gezielt gesetzt werden, um besonders wichtige Inhalte zu betonen. Unsere Formulierungen sollten nicht nur präzise, sondern auch so kurz wie möglich, aber so lang wie nötig sein.

Die amerikanische Unabhängigkeitserklärung hat exakt 300 Worte, aber die EU-Verordnung über die Einfuhr von Karamellbonbons umfasst genau 25.687 Worte. Je unwichtiger eine Sache ist, desto mehr Worte scheinen wir zu brauchen. Stoppen wir die Wortinflation! Worte, die wir häufig auch »positiv« meinen, wie »brutal«, »gewaltig«, »Wahnsinn« oder »kein Problem«, sollten wir meiden. Erkennen wir auch die Ungenauigkeit in unserem Wortgebrauch. Wir

37

benutzen die Worte oft gar nicht mehr nach ihren wahren Bedeutungen. So sagen wir oft etwas, was wir gar nicht gemeint haben, und wundern uns, dass der andere uns nicht versteht oder dass wir damit eine Zukunft verursachen, die wir gar nicht haben wollen.

Bevor ich das erste Wort sage, kommt der wichtigste Teil des Redens: das *Zuhören* beziehungsweise das *Hinhören*. Auch hier sollte mein Bewusstsein darauf gerichtet sein, dass ich mit »dem Herzen« hinhöre und nicht nur mit den Ohren, so nehme ich die gesamte Persönlichkeit wahr. Ich höre nicht nur, was der andere sagt, sondern auch, was er nicht sagt, vielleicht gar nicht sagen kann, vielleicht nicht einmal bewusst weiß.

Wenn ich mit dem Herzen zuhöre, kann ich allein schon durch die Art der Begrüßung eine ganze Reihe von Informationen über den derzeitigen Gemütszustand meines Gesprächspartners bekommen. Aktives Hinhören ist für mein Gegenüber wie psychische Wellness, ich widme ihm meine volle Aufmerksamkeit und schenke ihm meine Zeit. So kann ich Vertrauen aufbauen und mehr über seine Lebenseinstellung, seinen Beruf und sein privates Leben erfahren. Die eigentliche Wortinformation tritt dabei häufig in den Hintergrund.

 MEIN DIAMANT FÜR DICH

Warte nicht, bis du dieses Buch zu Ende gelesen hast, baue dir jetzt deine Vorstellung von deinem neuen, erfolgreichen, selbstbejahenden, einzigartigen ICH auf. Betreibe regelmäßig Gedankenhygiene und überprüfe deine negativen Überzeugungen und Glaubenssätze für alle Lebensbereiche, denn kleine Abweichungen im Denken erzielen große Auswirkungen im Leben!

II. Erkenne und lebe deine Einzigartigkeit

*Das Wichtigste in deinem Leben kannst du dir
nur selbst geben – deinen SELBSTWERT.*

Sei der wichtigste Mensch in deinem Leben und behandle dich auch so

Wenn ich den Satz »Du bist der wichtigste Mensch in deinem Leben« in meinen Trainings erwähne, dann kann ich anhand von Gestik und Körpersprache rasch zwei Gruppen erkennen. In jeder Gruppe gibt es zwar jene, die denken: »Ja natürlich, wer denn sonst«, und jene, die mich unverständlich ansehen und mit Blicken ausdrücken: »Ich soll wichtig sein?« Solltest du zur ersten Gruppe gehören, herzlichen Glückwunsch, dann bist du schon ein gutes Stück weiter auf dem Weg zu dir selbst. Wenn nicht, möchte ich dir auf den folgenden Seiten eine wichtige Erkenntnis mit auf den Weg geben.

Die meisten Menschen vermissen die Anerkennung und Wertschätzung der wichtigsten Person in ihrem Leben: die vor sich selbst. Warum das so ist? Weil wir es in der Kindheit nicht anders gelernt haben. Vielleicht kommen dir Sätze

39

wie zum Beispiel »Nimm dich nicht so wichtig«, »Wer bist du denn schon«, »Eigenlob stinkt« aus deinem Elternhaus bekannt vor. Insbesondere in der Prägungsphase von null bis sechs Jahren werden alle Aussagen aus unserem Umfeld wie von Eltern, Kindergartenpädagogen und Lehrern kritiklos angenommen und gespeichert. Werden wir in dieser Phase in unserem eigenen Tun bestärkt, so entwickelt sich ein gesundes Selbstwertgefühl, das Gegenteil jedoch geschieht, wenn einem Kind nichts zugetraut wird beziehungsweise es ständig zurechtgewiesen wird. Meistens zeigen die Programmierungen unserer Kindheit erst im Erwachsenenalter ihre Wirkung. In unseren ersten Lebensjahren haben viele Zurückweisungen, Enttäuschungen und Verurteilungen durch unser Umfeld erlebt, meist von Menschen, die selbst nicht glücklich waren oder es nicht besser wussten. Sie dachten, sie müssten uns zu einem angepassten Menschen erziehen, der die Erwartungen anderer erfüllt. In dieser Zeit haben wir ein völlig verzerrtes Selbstbild erschaffen, an das wir ganz hartnäckig glauben. Keiner konnte seinem Vater oder seiner Mutter sagen: »Egal, was du über mich denkst oder mir sagst, ich bin, wie ich bin.« So übernahmen wir die negativen Rückmeldungen anderer und formten unser eigenes negatives Selbstbild und haben zugleich den Glauben an unsere Liebenswürdigkeit und unseren Selbstwert verloren. Die meisten wurden auf diese Weise sich selbst gegenüber zum größten Kritiker.

Immerzu wurden beziehungsweise werden wir bewertet und mit anderen verglichen. Wir bekommen zu hören: »Hans-Peter ist so brav, du machst immer nur Unsinn.« Oder: »Das Bild, das du gemalt hast, ist ja ganz schön, aber die Sonne hast du nicht richtig gemalt, die muss gelb sein.« Wir erfahren, dass wir nicht »richtig« sind, solange wir anders sind oder etwas anderes tun als vorgegeben. Damit ist eine klare Orientierung festgelegt. Sei so wie die Vorbilder, die man dir zeigt, dann wirst du auch anerkannt. Daraufhin bewerten und vergleichen wir umgekehrt natürlich auch unser Umfeld. Wir selektieren, wer ins Muster passt und wen wir als abweichend empfinden.

Wir stehen also nicht zu unserer Einzigartigkeit, sondern definieren uns im Verhältnis zu den anderen. Bei mir gab es einige Bereiche, in denen ich mich zum Beispiel als Kind schon anders fühlte. Ich war sehr sensibel und hatte eine stark ausgeprägte Wahrnehmung gegenüber den Energien, Gedanken und Gefühlen anderer. Ich war gerne allein und spielte am liebsten mit meinen Tieren, las Bücher oder beschäftigte mich mit meinen Schulsachen. Mein Herzenswunsch als Kind war es, Lehrerin oder Skirennläuferin zu werden. Mit beidem hat es leider nicht geklappt, dafür hole ich einen Teil meines Wunsches,»Lehrerin« zu sein und anderen Menschen Wissen zu vermitteln, mit meiner jetzigen Trainertätigkeit nach.

Viele werden bereits in der Kindheit nicht in ihren Talenten und Fähigkeiten unterstützt beziehungsweise werden diese vom Umfeld nicht erkannt. Manche versuchen, dem Wunschbild der Eltern zu entsprechen, und passen sich an. Die tatsächlichen Potenziale bleiben dabei oftmals unerkannt. Sobald wir den Wunsch verspüren, wir selbst zu sein, prasseln auch schon die Bewertungen auf uns ein. Und die Botschaft ist immer die gleiche:»Tu gefälligst, was man von dir erwartet und was als richtig bewertet wird.« Solche Verhaltensweisen zerstören die Individualität und bauen zugleich hohe Mauern zwischen den Menschen auf. Indem wir bewerten und vergleichen, versuchen wir, unsere Überzeugungen durchzusetzen. Alles soll so sein, wie es den Glaubenssätzen entspricht, und was anders ist, wird abgelehnt, auch an uns selbst.

Selbstvertrauen ist die Kunst, dir selbst zu vertrauen, und je mehr du von dieser Stärke besitzt, desto unabhängiger wirst du von anderen werden. Ich erlebe es ständig in meinen Trainings, wie wenig Selbstvertrauen die Menschen in der Tiefe haben, und natürlich gibt das auch keiner gerne zu. Wir leben in einer Welt, in der wir ständig bewertet und mit anderen verglichen werden. Es wird eine perfekte Welt vorgetäuscht beziehungsweise vorgelebt. Kein Wunder also, dass viele anfangen, an sich zu zweifeln und sich schlecht zu fühlen.

Wäre es nicht wunderbar, wenn wir einfach jeden Menschen in seiner Besonderheit anerkennen könnten? Wenn wir ihn respektieren und wertschätzen würden, so wie er ist, ohne Überzeugungen, ohne Vergleich, ohne Bewertung? Dann könnten wir den ganzen Reichtum dieser Erde wahrnehmen, die vielen Facetten des Menschseins, die ungewöhnlichen Potenziale, die in uns und anderen existieren. An die Position der Bewertung treten Liebe und Verständnis und wir könnten uns gegenseitig unterstützen.

Es ist mir hier an dieser Stelle wichtig festzuhalten, dass wir unsere Eltern für ihr Verhalten und ihre Erziehung nicht verurteilen oder ihnen gar die Schuld für etwas geben sollten. Denn so etwas wie »Schuld« gibt es nicht. *Niemand trägt Schuld.* Unsere Eltern haben ihr Bestes gegeben, so gut, wie sie es eben konnten und wie sie es von ihren Eltern gelernt haben.

Niemand ist im Leben eine isolierte Einheit. Wir sind soziale Wesen und von der Qualität unserer Beziehungen zu anderen Menschen hängt der größte Teil unseres Lebensglücks ab. Nur wenn wir uns selbst bejahen, können wir andere Menschen bedingungslos annehmen. Nur wenn wir selbst erkennen, dass wir wertvoll und einzigartig sind, können wir diese Qualität in anderen Menschen erkennen. Ein gesunder Selbstwert und die Qualität unserer Beziehung zu uns selbst ist somit der Schlüssel für ein glückliches, erfülltes Leben.

Wenn wir uns selbst nicht genug »lieben« und »WERTschätzen«, haben wir Beziehungen, die uns nicht guttun, Stress, der uns schadet. Oftmals sind wir auch überzeugt, das Glück nicht zu verdienen oder um Liebe und Anerkennung anderer Menschen kämpfen zu müssen. Wir machen unser Selbstwertgefühl abhängig vom Verhalten anderer Menschen. Von ihnen erhoffen wir uns Anerkennung, Liebe, Aufmerksamkeit, Lob und haben Angst vor ihrer Ablehnung, wenn wir den gesellschaftlichen Normen nicht »entsprechen«. Somit sind wir immer »bedürftig«. Was wir wirklich wollen, tritt dabei immer mehr in den Hintergrund. Irgendwann wissen wir nur noch, was wir zu erfüllen haben, aber nicht, was uns erfüllt

Das Wichtigste in unserem Leben können wir uns daher nur selbst geben: *unseren Selbstwert*. Wie sollen andere dich auch mögen und wertschätzen, wenn du es selbst nicht schaffst? Es ist endlich Zeit, damit anzufangen, denn nur eine Person kann dir das Gefühl vermitteln, etwas Besonderes zu sein: du selbst! Werde jeden Tag ein Stück stolzer auf dich und sei die beste Version deiner selbst. Zeige dir diese Wertschätzung in vielen kleinen Gesten. Feiere deine Erfolge und behandle dich selbst mit höchster Achtung und Respekt. Denn nur so ist es möglich, die Stärken und die Einzigartigkeit der Mitmenschen zu erkennen.

Beim »wahren« Selbstwert geht es darum, uns so zu achten, schätzen und zu lieben, wie wir sind. Ohne ständig das Gefühl zu haben, viel dafür tun zu müssen, um anerkannt und wertgeschätzt zu werden. Es gibt zwei Arten von »verfälschtem« Selbstwert. Das eine ist der *Leistungs-Selbstwert*. Davon betroffen sind jene Menschen, die glauben, nur liebenswert zu sein, wenn sie leisten. Dieses schädliche Programm wird wie bereits beschrieben meist schon in der Kindheit in einem sehr leistungsorientierten Umfeld angelegt. Als Erwachsene gehen die Betroffenen dann permanent an ihre Leistungsgrenzen bis hin zum Burn-out oder Herzinfarkt. Die zweite Art vom sogenannten verfälschten Selbstwert ist der *Haben-Selbstwert*. Viele Menschen glauben, besonders viel besitzen zu müssen, um ein wertvoller Mensch zu sein, und definieren sich darüber. Oder das Tragen von Luxusmarken und Statussymbolen mache sie zu einem wertvolleren Menschen. In diesem Zusammenhang ist es mir wichtig festzuhalten, dass es natürlich absolut in Ordnung ist, uns Fülle und Wohlstand zu gönnen. Auch ich umgebe mich gerne mit schönen Dingen und lasse es mir gut gehen. Den Unterschied macht jedoch immer die Grundmotivation dahinter. Kaufe ich mir zum Beispiel bestimmte Dinge, Marken etc. nur, um anderen zu gefallen oder zu beeindrucken? Diese Fragen darf gerne jeder für sich ehrlich beantworten. Es ist jedenfalls in meinem Wertebild nicht nachvollziehbar, dass jemand glaubt, ein wertvollerer Mensch zu sein, nur weil er zum Beispiel eine bestimmte Automarke fährt oder bestimmte Marken trägt. Das Gegenteil ist meistens der Fall. Je mehr Statussymbole wir im Außen benötigen, um uns darüber zu definieren, desto geringer ist in den meisten Fällen der tatsächliche Selbstwert. Wie gesagt, es ist völlig in Ordnung, sich gerne mit schönen Dingen zu umgeben, denn das darf man sich auch wert sein. Die Frage, die es sich hier zu stellen gilt, ist: »Wer bin ich, wenn das alles wegfällt? Fühle ich mich dann immer noch einzigartig und wertvoll?« Und wenn du diese Frage aus tiefster Überzeugung mit »Ja« beantworten kannst, dann hast du alles richtig gemacht.

Mach dich deshalb unabhängig von der Meinung anderer und befreie dich von allem, was nicht gut für dich ist – von Speisen, Menschen, Dingen, Situationen und von allem, was dich immer wieder runterzieht und dir deine Energie raubt. Bleib du selbst, denn jedes Mal, wenn wir versuchen, anders zu sein, als wir sind, beginnt ein Kampf. Wir sind Menschen mit Emotionen und dürfen auch Schwächen haben. Vor allem vergiss nie: Zu seinen Schwächen stehen ist in Wahrheit eine absolute Stärke!

Und was denken unsere Mitmenschen von uns, wenn wir uns plötzlich so verhalten? Viele von ihnen werden bald feststellen, dass wir uns verändert haben, glücklicher und selbstbewusster geworden sind und an Ausstrahlung gewonnen haben. Sie werden uns dafür schätzen. Die anderen, die sich dadurch vielleicht verletzt fühlen, werden auf Dauer mit unserer direkten Art nicht zurechtkommen und unser Blickfeld verlassen. Und ja, das darf auch so sein.

Nach und während meiner Ausbildung habe ich natürlich alle mentalen Praktiken an mir selbst angewandt und durfte damit einen enormen Bewusstheitswandel durchleben. Lustigerweise wurde ich häufig von meinem Umfeld darauf angesprochen, ob ich verliebt sei. Worauf ich mit einem Schmunzeln antwortete: »Ja natürlich, in mich selbst.« Es ist immer spannend, dass es in unserer Gesellschaft immer nur einen Grund im »Außen« dafür geben kann, dass man glücklich ist und eine positive Ausstrahlung hat.

Selbstliebe wird häufig mit Egoismus und Selbstsucht verwechselt. Genau das Gegenteil ist der Fall. Menschen, die sich selbst lieben und wertschätzen, sind ein Geschenk für ihr Umfeld. Denn sie übernehmen die Verantwortung für ihr Lebensglück selbst und hören auf, es von anderen abhängig zu machen. Somit entlasten sie ihr Umfeld und jede Begegnung mit diesen Menschen wird zur Bereicherung. Gönne dir dieses einzigartige Gefühl und halte kurz inne, um dieses Geschenk der Einzigartigkeit nicht nur in dir selbst, sondern auch in den vielen wertvollen Mitmenschen um dich herum zu erkennen und auszudrücken.

Bist du bereit, eine neue Entscheidung für dich und deine Einzigartigkeit zu treffen? Für dich und deine Bedürfnisse einzustehen und die volle Verantwortung für deine Lebensumstände zu übernehmen? Dann überprüfe am Beispiel der folgenden Sätze, welcher für dich zutrifft. Die folgenden Beispiele geben dir Aufschluss darüber, an welchem Verhalten du schlechten Selbstwert erkennst:
- Du hast eine schlechte Meinung über dich selbst.
- Du nimmst deine eigenen Bedürfnisse nicht ernst und stellst diese immer hintenan.

- Du hast Schwierigkeiten damit, deine Gefühle auszudrücken.
- Dir fehlt der Mut, etwas einzufordern beziehungsweise deine Meinung zu äußern.
- Du stehst mit deinem Umfeld im Wettbewerb.
- Du fühlst dich für alles und jeden schuldig und verantwortlich.
- Du hast Schwierigkeiten, dir selbst etwas zu gönnen und dich zu belohnen.
- Du leidest an einem chronischen Misstrauen gegenüber anderen Menschen.

Erkenne deine Talente und Fähigkeiten

Deine einzigartigen Talente und Fähigkeiten sind ein klarer Hinweis auf deine Bestimmung. Finde heraus, wo diese liegen, und pflege beziehungsweise fördere sie. Du wirst dadurch mehr Selbstvertrauen, Spaß und Freude haben.

Bestimmt hast du dich schon öfters mal gefragt, worin du richtig gut bist. Was macht dir großen Spaß? Was fällt dir besonders leicht? Die folgende Übung hilft dir dabei, deine versteckten Talente und Stärken zu entdecken. Los geht's!

Übung

Schreibe dein persönliches Erfolgstagebuch! Notiere alles, was du in deinem Leben schon bewältigt hast und worauf du stolz bist, vor allem aber auch deine Talente und Fähigkeiten. Arbeite ab heute jeden Tag an deinen Begabungen. Glaube an dich und lebe deine Einzigartigkeit. Stelle dir dazu folgende Fragen:

- Was kannst du besonders gut?
- Was zeichnet dich aus und macht dich einzigartig?
- Welche Fähigkeiten an dir bewunderst du?
- Auf welchem Gebiet ist dein Wissensdurst unstillbar?
- Was an dir findest du schön?
- Was sind bisher deine größten Erfolge?
- Was tust du am liebsten?

Auf diese Listen gehören auch die kleinen Fortschritte. Meist sind wir viel zu streng mit uns selbst und geben dem, wo wir versagt haben und was wir nicht erreicht haben, viel mehr Gewicht als den positiven Erlebnissen. Selbstkritik und Disziplin in allen Ehren, doch lob dich auch für die kleinen Fortschritte und deine Bemühungen. Es ist höchste Zeit, sich dafür mal wieder auf die Schultern zu klopfen, dafür dass du dich auf einem bestimmten Gebiet bemüht hast und dein Bestes gegeben hast, auch wenn es nur langsam vorangeht und das Ziel noch nicht erreicht ist. Lobe dich für dein Durchhaltevermögen und deine »kleinen Erfolge«, wie zum Beispiel sich gesünder zu ernähren. Öfters »Nein« zu sagen und Grenzen zu setzen, Englisch zu lernen. Nicht mehr so schnell wütend zu sein, mehr Sport zu treiben. Sich selbst mehr Zeit zu schenken. Lobe dich für deinen Fleiß, Mut, Einsatz und Disziplin. Lass dich dabei nicht entmutigen. Am Anfang ist das viele Schreiben oft mühsam, weil es sich noch ungewohnt anfühlt. Doch du wirst sehen, schon bald greifst du täglich zum Stift und notierst regelmäßig und ganz ohne großen Aufwand deine Gedanken. Der positive Effekt des Tagebuchschreibens ist längst erforscht und ich bin sicher, auch du wirst das Schreiben bald nicht mehr missen wollen. Das Erfolgstagebuch als Sonderform des Tagebuchs hilft dir, deinen gesunden Selbstwert aufzubauen, und lässt dich auf deiner bisherigen geschafften Leistungen stolz sein. Es steigert langfristig deine Motivation und lässt dich immer selbstbewusster werden. Durch das kontinuierliche Schreiben verbessert sich dein Lebensgefühl nachhaltig. Ähnlich wie bei deine»Dankbarkeitsliste« solltest du auch hier deine aktuellen Erfolge und Fortschritte regelmäßig ergänzen. Lies diese Liste immer wieder durch und fühle den Stolz und die Anerkennung für dich selbst.

Nimm dir Zeit und feiere deine Erfolge, deine Leistungen, dein Wachstum, deine Schönheit, dich selbst. Viel zu lange sind wir zu streng mit uns selbst umgegangen. Genieße deine Erfolge, genieße das, was du erreicht hast. Mach eine Pause und denke darüber nach. Vor allem aber sei stolz auf dich,»denn Eigenlob stimmt«, wie es Sabine Asgodom in ihrem Buch so schön sagt. Belohne dich und tu dir Gutes. Sei dir selbst die beste Freundin oder der beste Freund und feiere alles, was in deinem Leben gut ist. Feiere vor allem dich selbst. Tu, was dir Spaß macht, und unternimm etwas zu deinem Vergnügen. Koche dir dein Lieblingsgericht, triff dich mit Freunden, mach einen schönen Spaziergang, genieße ein gutes Buch, gönne dir einen Wellnesstag oder geh ins Theater. Tu etwas nur für dich und dein Wohlbefinden. Wir müssen nicht darauf warten, dass andere uns glücklich machen, denn wir haben den Schlüssel für unser Glück selbst in der Hand.

Lebe aus deiner Mitte, dann wirst du zum Mittelpunkt

Gesunde Grenzen zu setzen ist eng mit einem gesunden Selbstwert beziehungsweise mit Selbstliebe verbunden. Es ist wichtig, dass wir ein klares »Ja« oder ein klares »Nein« leben. Genau hiermit tun sich die meisten von uns schwer. Wir alle brauchen in unserem Leben Grenzen. Wir müssen definieren, wo wir beginnen und wo wir enden. Wir müssen in unseren Beziehungen Klarheit darüber schaffen, was wir akzeptabel finden und was nicht, womit wir leben können und was wir nicht tolerieren können. Wenn ich mich selbst als Mensch nicht genug akzeptiere, wichtig nehme und wertschätze, wie soll ich dann für mich und meine Grenzen einstehen? Wenn ich andere Menschen wichtiger nehme als mich selbst, dann bewerte ich unbewusst ihre Freiheit des Handelns als wichtiger als mein Recht auf mein eigenes Wohl und meine Grenzen. Oft schlucken wir hinunter, wenn andere unsere Grenzen überschreiten, und reagieren innerlich mit Bitterkeit, weil wir nicht den Mut haben, es offen auszusprechen. Wir alle kennen das Gefühl, wenn wir »Ja« sagen, obwohl wir »Nein« meinen. Wir erlauben es uns oftmals nicht, ein »Nein« auszusprechen, weil wir oftmals Angst haben, von unserem Gegenüber abgelehnt zu werden. Es ist eine Herausforderung, Grenzen zu setzen und sich auch daran zu halten. Das bedeutet, dass wir eine grundsätzliche Linie haben sollten und uns nicht davon gefangen nehmen dürfen, was andere wünschenswert und akzeptabel finden. Jeder Mensch hat seine eigenen Grenzen. Wir müssen auf uns selbst achten. Wir sollten unser Gegenüber immer mit Respekt und Wertschätzung behandeln, aber wir dürfen klar mitteilen, was oder was nicht akzeptabel ist.

Ironischerweise fühlt man sich in der Gegenwart von Menschen mit klaren Grenzen wohl, schließlich ist es ein gutes Gefühl zu wissen, woran man ist. Das lässt sich auch bei Kindern gut beobachten, denn Kinder fordern gesunde Grenzen. Ich hatte eine Pädagogin als Klientin, die sehr darunter litt, von ihren Schülern nicht ernst genommen zu werden. Diese ignorierten jede Grenze im Unterricht und der fordernde Job trieb sie bis an die Grenzen der Belastbarkeit. Im Gespräch fanden wir ihre negativen Glaubenssätze, welche sie seit ihrer Kindheit begleiteten, und diese lauteten wie folgt: »Ich darf mich nicht so wichtig nehmen«, »Ich werde nicht gesehen und gehört«. Gemäß dem Gesetz der Resonanz hat sich wie im Kapitel »Unser Geist als mächtiges Erfolgsinstrument« beschrieben genau dieser Glaubenssatz bestätigt und wurde wiederum von ihren Schülern bestätigt. Demzufolge wurde sie auch von den Schülern nicht wichtig genommen und nicht gehört. Wir arbeiteten intensiv mit den positiven Glaubenssätzen »Ich darf mich wichtig nehmen« und »Ich werde gesehen und gehört« sowie mit weiteren Sätzen aus der »Selbstwert-Programmierung« (siehe Seite 34). Bereits nach drei Monaten hatte sich die Stimmung wesentlich verbessert und der Pädagogin wurde der nötige Respekt von ihren Schülern entgegengebracht.

Jetzt ist die Zeit da, um unsere gesunden Grenzen zu befestigen, wir haben einen Anspruch darauf. Gesunde Grenzen sind unsere Werte, die uns definieren, und daraus entsteht eine gesunde Selbstachtung. Wer sich selbst als die wichtigste Person in seinem Leben betrachtet und sich aktiv darum kümmert, was diese hier in diesem Leben erschaffen will, der wird zum leuchtenden Vorbild für viele Mitmenschen, die noch in den alten, einschränkenden Überzeugungen gefangen sind. Menschen, die sich klein und minderwertig fühlen und ihr Leben nicht selbst in die Hand nehmen, ziehen Menschen in ihr Leben, die sie kontrollieren, dominieren, ausnutzen und manipulieren.

Es ist gut, sich um andere Menschen und ihre Gefühle zu kümmern. Es ist aber auch genauso wichtig, dass wir gut auf uns selbst achten. Manchmal müssen wir eine Entscheidung treffen, um für uns selbst Sorge zu tragen. Viele von uns haben das tief verwurzelte Programm aus der Kindheit »Sich immer um andere kümmern zu müssen«. Fürsorge ist gut, doch übertriebene Fürsorge kann andere Menschen daran hindern, in die eigene Verantwortung zu kommen, denn letztendlich ist jeder für sich selbst verantwortlich. Wir können andere Menschen unterstützen, ihnen jedoch ihre Lernerfahrung nicht abnehmen. Nimm dich deshalb selbst wichtig und stelle dich selbst ins Zentrum deines Lebens. Sorge gut für dich und konzentriere dich auf das eigene Wohlergehen. Wer selbstzentriert lebt und dafür sorgt, dass es ihm physisch, emotional, mental und spirituell gut geht, der ist auch ein Segen für alle anderen. Diese Haltung ist also gerade das Gegenteil von Egoismus; sie ist ein Ausdruck von Selbstliebe und Wertschätzung. Lasse alle Zweifel los, die dich daran hindern, für deine Interessen einzutreten. Gehe sorgsam mit dir um und lasse zu, dass andere dich genauso behandeln.

Kümmere dich um dich selbst, so wie du es für andere tun würdest. Mach es dir gemütlich in deinem Leben und lass es dir so richtig gut gehen und umgib dich mit schönen Dingen, die dir Kraft schenken. Triff dich mit Menschen, die dich schätzen, und lass die Menschen weiterziehen, die dir nicht guttun. So löst du die Abhängigkeiten und Erwartungen. Durch Selbstbestimmung und Unabhängigkeit schaffst du ein neues Resonanzfeld für glückliche Erfahrungen.

Lieber echt als perfekt

Die »Rushhour« des Lebens ist oft von dem Gefühl geprägt: Was immer ich tue, es ist nicht genug. Wie in einem einsamen Hamsterrad ziehen sie ihre Runden, aber ein Gefühl der Zufriedenheit stellt sich nicht ein. Allerorts und jederzeit wartet Arbeit auf dich, der Stapel auf dem Schreibtisch ist noch zu groß, das Lebensmotto lautet:»Ich bin nur liebenswert, wenn ich etwas leiste!« Wir leben in einer Gesellschaft, die uns permanent zu bestimmten Zielen drängt und uns mit Standards und Normen und Kategorien konfrontiert. Du solltest die Vorstellung loslassen, dass du perfekt sein musst, denn du bist schon perfekt, so wie du bist, und du musst gar nichts dafür tun.

Natürlich ist es wichtig, dass wir unser Bestes geben, und es spricht auch für uns, wenn wir unsere Aufgaben zuverlässig, kompetent und bestmöglich erledigen und uns nicht mit Mittelmäßigkeit zufriedengeben. Es ist auch nicht schlecht, gewissenhaft, pflichtbewusst, zielstrebig und ehrgeizig zu sein. Übertriebener Perfektionismus und Leistungsdruck ist jedoch dann ungesund, wenn wir unser Selbstwertgefühl und unsere Selbstachtung vom Erfolg abhängig machen. Die Frage stellt sich demnach auch hier: Welcher Antrieb steckt dahinter? Perfektionismus ist eine meist tief in der Lebensgeschichte verwurzelte Grundhaltung. Man trifft sie oft bei Menschen, die als Kind schon früh die Erfahrung gemacht haben:»Ich werde für das geliebt, was ich leiste, nicht für das, was ich bin.« Oder:»Nur wenn ich Klassenbeste bin und Klassensprecher, im Sport den ersten Preis gewinne, dann beachten und loben mich meine Eltern.« Dieser tief verinnerlichte Leistungsdruck ist oft schwer wieder loszuwerden. Es lauert immer die tiefsitzende Angst:»Wer oder was bin ich denn noch, wenn ich nicht perfekt bin?«, »Wenn ich nicht überall die Beste oder der Beste bin?«, »Bin ich dann überhaupt noch liebenswert?«. Und wie so oft geht es bei dieser Entwicklungsaufgabe letztendlich darum, einen wertschätzenden und liebevollen Umgang mit sich selbst zu pflegen. Eigene Werte zu definieren, die ganz andere sein können als die leistungsorientierten Werte der Herkunftsfamilie. Die meisten Eltern wollen zwar das Beste für ihr Kind, können es ihm aber häufig nicht geben – nämlich bedingungslose Annahme und Liebe. Stattdessen konfrontieren sie das Kind täglich mit unzähligen Erwartungen, Forderungen, Geboten und Verboten und glauben so, das Kind zu »erziehen«. In den meisten Fällen jedoch geben sie nur ihr eigenes »Unglücklichsein« weiter. Das Muster wiederholt sich, denn durch dieses Denk- und Fühlprogramm lernt das Kind, wie man sich selbst unglücklich macht.

Das erlebte ich ebenfalls in der Praxis bei einem meiner Seminarteilnehmer. Nach einem Firmentraining, in welchem ich auch über dieses Thema gesprochen hatte und darüber, dass die Wurzeln für Perfektionismus ebenfalls in der Kindheit zu finden sind, kam der Abteilungsleiter eines großen Konzerns zu mir mit den Worten: »Ich habe bei meinen Kindern alles falsch gemacht, das kann ich nie mehr gutmachen.« Diese Worte berührten mich sehr, denn es ist nie zu spät für einen neuen Weg. Er erzählte mir, dass er seinen Anspruch, perfekt sein zu müssen, »unbewusst« an seinen Sohn weitergab. Dieser besuchte ein Elitegymnasium und war mit dem dortigen Niveau so überfordert, dass der Besuch dieser Schule für den Sohn zum Albtraum wurde. Es gab zahlreiche Gespräche mit dem Direktor und den Lehrern und der Druck auf den Jungen wurde immer größer. Er traute sich nicht einzugestehen, dass er nicht mehr konnte, denn er wollte ja, dass sein Papa stolz auf ihn war. Er wies bereits zahlreiche Überlastungs- und Stresssymptome auf. Schließlich ging es in den Gesprächen mit seinen Eltern immer darum, dass »man« etwas Besonderes ist, wenn man diese Eliteschule absolviert hat. Ich riet dem Vater, dem Sohn einen Schulwechsel vorzuschlagen, der seinem Leistungsniveau entsprach, und ihm zu versichern, dass er ihn liebe, so wie er ist – auch ohne diesen überhöhten Leistungsanspruch. Ich war sehr bewegt, denn dieser Vater war so intensiv in seinem Kindheitsmuster verstrickt, dass es ihm gar nicht auffiel, dass er diesen Leistungsdruck weitergab. Zum Schluss teilte er mir noch die bewegenden Worte mit: »Wissen Sie, ich kenn es ja selbst nicht anders!« Nach einigen Monaten erhielt ich ein erfreuliches E-Mail mit der Info, dass der Sohn nun überglücklich sei in seiner neuen Schule und er nicht mehr unter diesem enormen Leistungsdruck litt. Und zugegeben – ich selbst ertappe mich auch immer wieder bei meinem überhöhten Leistungsanspruch an mich selbst.

Übung

Finde anhand der folgenden Fragen heraus, ob du dazu neigst, ein Perfektionist bzw. eine Perfektionistin zu sein:

- Ich vergleiche meine Leistung ständig mit anderen.

- In meinem Zuhause fühle ich mir nur wohl, wenn alles perfekt aufgeräumt ist.

- Meine Eltern hatten einen sehr hohen Leistungsanspruch an mich.

- Meine Partner oder meine Mitarbeiter können es mir nur selten recht machen.

- Wenn ich schlechte Leistung bringe, befürchte ich, dass andere mich ablehnen.

- Ich ärgere mich, wenn ich nicht alles perfekt nach meinen Vorstellungen erledigen kann.

- Ich bin oft angespannt und nervös.

- Mein Freundeskreis und meine Arbeitskollegen bezeichnen mich als eine Perfektionistin bzw. einen Perfektionisten.

Gerade Frauen sind prädestiniert dafür, 90 Prozent der Dinge, die sie gut machen, als selbstverständlich zu sehen und sich für die restlichen 10 Prozent, die sie nicht perfekt machen, zu kritisieren. Ich kenne das aus meinen eigenen Erfahrungen und dieser hohe Leistungsanspruch an sich selbst kann auf Dauer sehr anstrengend sein. Es entlastet enorm und nimmt auch großen Druck von unseren Schultern, wenn wir uns eingestehen, auch einmal schwach sein zu dürfen. Das Leben ist nicht perfekt und seien wir ehrlich: Wir mögen auch keine perfekten Menschen. Sich Fehler einzugestehen und zu seinen Schwächen zu stehen sehe ich mittlerweile als große Stärke.

Body Positiv – liebe deinen Körper!
Unser Perfektionismus bezieht sich meist nicht nur auf unsere Leistung, sondern auch auf unseren Körper beziehungsweise auf unser äußeres Erscheinungsbild. Wir glauben, dass wir dem perfekten Ideal des Models auf der Plakatwand entsprechen müssen, wir fühlen uns schlecht und lehnen alles an uns ab, was nicht diesem perfekten Idealbild entspricht. In jedem Hochglanzmagazin wird uns eine noch effizientere Diät vorgeschlagen und der Glaubenssatz, der sich somit tief in uns verankert, lautet:»Du solltest noch schlanker, fitter und jugendlicher aussehen.« Unsere »Scheinwelt« im Außen gibt uns sozusagen vor, wie wir auszusehen haben. Hier erlebte ich kürzlich eine bewegende Szene einer Seminarteilnehmerin. In einer Übung aus meinem Selbstwertprogramm empfehle ich den Teilnehmern, sich regelmäßig den Satz»Ich liebe mich so, wie ich bin« vor dem Spiegel zu sagen. Bei der Übung für Fortgeschrittene empfehle ich, sich nackt vor den Spiegel zu stellen und sich diesen Satz zu sagen. Die Teilnehmerin schrieb mir in einem Mail, dass sie die Übung so nicht durchführen kann, sie hätte das Gefühl, dass sie den Spiegel

einschlagen muss. Dieses Beispiel sollte uns alle zum Nachdenken anregen, was Selbstablehnung und selbstzerstörerische Gedanken mit uns machen beziehungsweise auslösen können. Daraufhin haben wir die Affirmation auf »Von Tag zu Tag liebe ich mich mehr« umgewandelt. Diese konnte ihr Unterbewusstsein annehmen und bereits nach einem Monat gelang es ihr, den Satz »Ich liebe mich so, wie ich bin« auszusprechen.

Frauen blicken im Schnitt zwischen 43- und 71-mal pro Tag in den Spiegel. Dr. Kjerstin Gruys, Professorin für Soziologie an der University of Nevada, führte in diesem Zusammenhang ein Selbstexperiment durch. Sie verbannte für den Zeitraum von einem Jahr den Spiegel aus ihrem Leben und lernte dadurch, sich von innen schön zu fühlen. Mit der Zeit entwickelte sie einen stabileren »Körperselbstwert«. Unsere Welt ist voller Spiegelbilder. Solltest du zu jener Gruppe gehören, die ebenfalls immer kritische und verurteilende Gedanken gegenüber sich selbst hegt, dann empfehle ich auch dir, deine Spiegel so lange aus deinem Leben zu verbannen, bis dir deine Selbstannahme gelingt und du dir mit wertschätzenden Komplimenten begegnen kannst und dich bedingungslos so annimmst und liebst, wie du bist. Übe dich im ganzheitlichen, liebevollen Blick, nicht für dich, sondern auch gegenüber anderen Menschen. Der ganzheitliche Blick sieht durch die Hülle des Menschen hindurch, er richtet sich auf den wahren, echten Wesenskern und auf die Einzigartigkeit jedes einzelnen.

Wenn du die Stimme des Perfektionismus wieder mal in dir wahrnimmst und du in Gedanken an dir selbst oder an deiner Leistung herumnörgelst oder Zweifel dich quälen, dann stelle dir vor, du könntest diese Stimme liebevoll umarmen und zu ihr sagen: »*Danke, dass du mir helfen möchtest! Aber ich möchte jetzt lieber nicht so streng mit mir sein, sondern genießen, was ich tue und wer ich bin!*«

Negativschlagzeilen meiden

Nachrichten sind nichts anderes als eine Ansammlung von negativen Mitteilungen. Wir erfahren von Krisen, Katastrophen, Terroranschlägen. Das ist nur eine kleine Auswahl von Schreckensszenarien, die uns regelmäßig jeden Abend frei Haus in unsere Wohnzimmer geliefert werden. Viele konsumieren noch vor dem Zubettgehen die Spätnachrichten, in welchen uns der Reporter mit den Negativmeldungen und einem lächelnden Gesicht eine gute Nacht wünscht. Ebenso abzuraten ist, bei laufendem Fernseher einzuschlafen. Unser Unterbewusstsein schläft nämlich nie und speichert alle Informationen. Wer regelmäßig Negativschlagzeilen konsumiert, nährt unbewusst die Angstenergie. Wir fühlen uns immer schwächer und mutloser und ziehen Erfahrungen in unser Leben, die unsere Angst bestätigen. Wir achten auf unsere Ernährung, auf unsere Körper- und Gesundheitshygiene, wenn es allerdings um unseren Medienkonsum geht, sind wir plötzlich nicht mehr ganz so kritisch. Wir sollten auch hier gezielt »Medienhygiene« betreiben und nicht alles unhinterfragt übernehmen, was wir täglich in den Medien lesen oder hören.

Alles, womit du dich umgibst, nimmt oder gibt dir Energie. Alles, was du siehst, hörst, fühlst, liest und beobachtest, wird gespeichert. Wenn wir also immer wieder Bücher lesen, in denen sich Dramen abspielen oder Menschen ermordet werden, nur damit wir eine innere Spannung spüren, oder regelmäßig Negativnachrichten konsumieren, dann bauen wir dieses negative Resonanzfeld in uns auf. Und wenn du ständig negative Eindrücke um dich herum hast, ist es auch eher unwahrscheinlich, dass du freudvolle Ereignisse in dein Leben ziehst. Unser Unterbewusstsein kennt keine Vernunft und bewertet nicht, es saugt vollkommen unkontrolliert alles auf, womit wir uns umgeben. Sei deshalb sehr achtsam, womit du dich umgibst, denn du wirst zum Durchschnitt jener fünf Menschen, mit denen du am meisten Zeit verbringst. Du bist die Bücher, die du liest, die Musik, die du hörst, und die Filme, die du siehst.

Während meiner Ausbildung zur Mentaltrainerin habe ich bewusst für ein halbes Jahr auf Zeitungen, Fernseher und Radio verzichtet. Wir »durften« für unsere Diplomarbeit im Internet recherchieren. Das war damals mein einziger Zugang zur »Außenwelt«. Ich habe vor meiner Ausbildung schon sehr wenig ferngesehen, doch nach diesem halben Jahr wurde mir noch mehr bewusst, wie gut es tut, sich von diesem »Massen-Mindset« zurückzuziehen. Ich bezeichne es als »Seelen- und Geisteshygiene«. Diese Hygiene wird meiner Meinung nach viel zu sehr vernachlässigt. Wir pflegen unseren Körper und unser Äußeres, doch auf unsere seelische und geistige Nahrung legen wir häufig viel zu wenig Wert. Während dieser »Nachrichten-Abstinenz« wurde mir noch mehr bewusst, wie tief das Niveau unserer Unterhaltungsindustrie gesunken ist. Das spiegelt das Bewusstsein unserer Gesellschaft wider.

Die Zeit, die wir auf Social Media und im Internet verbringen, habe ich hier noch gar nicht erwähnt. Die »Globale Social Media Statistik 2019« bestätigt: Die durchschnittlich in den sozialen Medien verbrachte Zeit ist gegenüber dem Vorjahr wieder leicht gestiegen. Weltweit verbringen die Menschen 2 Stunden und 16 Minuten mit Social Media, ca. ein Drittel ihrer gesamten Online-Zeit und ein Siebtel ihrer wachen Zeit. Zudem leben wir in einer Gesellschaft, in der wir permanent bewertet und beurteilt werden. Unseren »Marktwert« definieren wir häufig nur mehr darüber, wie viel »Follower« oder »Likes« wir haben. Natürlich ist es wichtig, sichtbar zu sein und eine bestimmte Außenwirkung zu haben. Wir müssen jedoch nicht permanent online präsent sein. Wie gut so ein Rückzug aus den sozialen Netzwerken zwischendurch tut, stelle ich selbst gerade fest, denn diesen gönne ich mir gerade, während ich dieses Buch schreibe. Es gibt mir zu denken, wenn Jugendliche in einer aktuellen

Umfrage der Meinung sind, das Leben sei ohne Handy nicht mehr lebenswert. Man sitzt sich bei einem Rendezvous im Café gegenüber und anstatt verliebte Blicke auszutauschen, starren beide ununterbrochen auf ihr Smartphone. Selbst Beziehungen werden kurzerhand via Smartphone beendet. Mit Sicherheit bin ich nicht jemand, der unsere Jugend schlecht redet, doch solche Äußerungen sollten uns zum Nachdenken anregen. Vor allem auch darüber, was wir unseren Kindern vorleben und welche Werte wir ihnen mit auf ihren Lebensweg geben.

Der renommierte Gehirnforscher Dr. Manfred Spitzer schreibt in seinem Buch, dass wir in Zukunft mit einer komplett neuen Diagnose konfrontiert sind, nämlich, wie der Titel schon sagt, mit der »digitalen Demenz«. Die in rasendem Tempo fortschreitende Digitalisierung sehe ich als Fluch und Segen zugleich, und wie bei allem macht die Dosis das Gift. Spitzers Prognosen sind nicht gerade positiv oder besser gesagt eine Warnung. Ohne Computer, Smartphone und Navigation geht heute gar nichts mehr. Doch das bringt immense Gefahren mit sich, denn bei zu intensiver Nutzung der digitalen Medien baut das Gehirn enorm ab. »Kinder und Jugendliche sind oft kaum noch lernfähig. Die Symptome sind Aufmerksamkeits- und Realitätsverlust, Stress, Depression und zunehmende Gewaltbereitschaft«, so Spitzer. Ehrlich gesagt eine Prognose, die nicht gerade zu Jubelstimmung verleitet. Facebook, Google und Co. sind heute aus unserem Leben nicht mehr wegzudenken. Ich persönlich bemühe mich jedoch, meine Zeit auf den sozialen Kanälen sehr achtsam und bewusst einzusetzen.

Ein Beispiel, wie schnell wir geistig abbauen, ist das Navi. Es ist eine Riesenerleichterung für unsere Terminplanung. Früher mussten wir bei einem Kundentermin in einer unbekannten Großstadt für die Anreise noch eine Stunde mehr einplanen, da man ja davon ausging, dass man mindestens ein bis zwei Anläufe brauchte, um zur richtigen Adresse zu finden. Doch ich stellte fest, je mehr ich mich auf die Technik verließ, desto schlechter wurde meine Orientierung. Und gerade deshalb habe ich es mir zur Gewohnheit gemacht, jedes Ziel in einer Stadt mir vorher auf der Karte anzusehen, damit ich zumindest ein Gefühl dafür habe, ob mich das Gerät richtig leitet.

Wie sieht es mit deiner Energiebilanz aus?

Wenn wir unser Bankkonto über einen vereinbarten Rahmen überziehen, meldet sich irgendwann der Bankbeamte und lädt uns zu einem Gespräch. Wenn ein Konto in den »roten Zahlen« ist, muss man irgendwann wieder etwas darauf einzahlen, damit man wieder etwas abheben kann. Genauso verhält es sich auch mit unserem Körper. Oftmals überziehen wir dieses Energiekonto jedoch bis ins Unendliche, ohne dabei darauf zu achten, dass der Körper uns permanent Signale und Zeichen schickt, dass wir im »Minus« mit unser Energiebilanz sind. Neben den im vorherigen Kapitel genannten Energieräubern gibt es weitere Faktoren, welche uns Energie entziehen:

- Chronischer Stress
- Schlafmangel
- Überforderung
- Schlechte Ernährung
- Zu wenig Flüssigkeit
- Bewegungsmangel
- Sauerstoffmangel
- Unzufriedenheit im Job
- Unzufriedenheit im Privatleben
- Misserfolge

Für eine gute und gesunde Selbstfürsorge solltest du deshalb so viele wie möglich von den angeführten Faktoren meiden.

Um dein Energiekonto aufzufüllen, solltest du dich vor allem regelmäßig an der frischen Luft bewegen. Körperlich und geistig in Bewegung zu sein ist nicht nur wichtig für unsere Energiebalance, sondern auch für unser Wohlbefinden und unsere Ausstrahlung. Wir sollten uns ca. drei- bis viermal pro Woche für mindestens eine halbe Stunde bewegen. Dabei solltest du übertriebenen Ehrgeiz vermeiden und nach deinen körperlichen Möglichkeiten trainieren. Finde eine Sportart, welche dir Spaß macht, denn Bewegung soll und darf Freude machen. Solltest du bisher keinen Sport betrieben haben, dann starte langsam in deinem eigenen Tempo und Rhythmus.

Des Weiteren spielt die Ernährung eine wichtige Rolle. Denn Essen ist mehr als nur Hungerstiller. Es beeinflusst nicht nur die körperliche Gesundheit, sondern auch unsere Psyche. Sorge dafür, dass du regelmäßig frisches Obst und Gemüse isst. Verzichte so gut wie möglich auf tierisches Eiweiß, Salz, Zucker sowie weißes Mehl und bevorzuge regionale und saisonale Produkte. Vermeide zu essen, bevor die letzte Mahlzeit verdaut ist. Das Mittagessen sollte die Hauptmahlzeit des Tages bilden, beim Frühstück und Abendessen solltest du darauf achten, dass es leicht verdaulich ist. Unser Körper besteht zu 70 Prozent aus Wasser. Für einen ausgewogenen Energiehaushalt ist es deshalb wichtig, für ausreichende Flüssigkeitszufuhr zu sorgen. Empfehlenswert ist hier stilles, mineralarmes Wasser und Kräutertees. Auf Zucker- und kohlensäurehaltige Getränke solltest du besser verzichten.

Ebenso ist schlechter Schlaf auf Dauer die reinste Folter. Da der Mensch rund ein Drittel seiner Lebenszeit schlafend verbringt, ist es kein Wunder, dass schlechte Schlafqualität auf Dauer zu stark verminderter Lebensqualität führt. Schlaf ist lebensnotwendig. Viele Menschen befinden sich jedoch in einem dramatischen Dauerzustand der chronischen Übermüdung. Die Schlafforschung bestätigt, dass erholsamer Schlaf aus fünf bis sechs Schlafzyklen zu je 70 bis 90 Minuten besteht. Wie viele Stunden pro Nacht optimal sind, ist unterschiedlich und hängt von Alter, Schlafroutine und Gesundheitszustand ab. Studien bestätigen, dass weniger als sieben Stunden Schlaf pro Nacht die Lebenserwartung auf Dauer enorm senkt. Ausreichend erholsamer Schlaf ist nicht nur gesundheitsfördernd und leistungssteigernd, sondern wir sind auch insgesamt emotional belastbarer und geistig klarer. Wenn man zu belastet ist, kann es sein, dass man nachts aufwacht und an Dinge denkt, die man auf keinen Fall vergessen darf. Da ist es hilfreich, Block und Stift am Nachttisch zu haben und seine Gedanken niederzuschreiben, damit man beruhigt wieder weiterschlafen kann.

Wenn du dich selbst wichtig nimmst und wertschätzt, ist es von großer Bedeutung, auch in deinem eigenen zu Hause für eine liebevolle, harmonische Umgebung zu sorgen. Dabei geht es gar nicht so darum, deinen Wohnraum mit Luxusmöbeln auszustatten, sondern für eine gemütliche und behagliche Wohlfühlatmosphäre zu sorgen. Was brauchst du, damit du dich wohlfühlst? Wie sieht es bei dir Zuhause aus? Aufgeräumt oder unordentlich? Verwendest du dein schönes Geschirr nur, wenn Gäste zu Besuch kommen, oder dekorierst du den Tisch auch mal nur für dich allein? Das alles sagt viel über dich und deinen Umgang mit dir selbst aus. Mein Zuhause ist für mich meine Krafttankstelle, mein persönlicher Rückzugs- und Erholungsraum. Bei mir stehen immer frische Blumen auf dem Tisch und ich verwende das schöne Porzellan-Geschirr auch dann, wenn ich allein zu Hause bin. Bring Farbe in dein Leben und gestalte dein Zuhause in deinen Lieblingsfarben. Sorge dafür, dass dein Wohnraum dir guttut und du diesen als inspirierenden Kraftort für dich nutzen kannst.

Zuletzt sind viele Menschen davon überzeugt, besonders gut im Multitasking zu sein. Doch das bedeutet meist vor allem eins: Stress. Im Ergebnis erledigen wir unsere Aufgaben weniger gründlich und machen mehr Fehler. Multitasking ist daher gleichzusetzen mit gestörter Aufmerksamkeit. Gemäß einer amerikanischen Studie unterbricht der moderne Mensch seine Arbeit im Durchschnitt alle elf Minuten. Heute fühlen sich Menschen bei der Arbeit doppelt so häufig gestört wie noch vor 20 Jahren. Unser Alltag im »digitalen Zeitalter« zeichnet sich vor allem dadurch aus, dass wir permanent alles gleichzeitig tun. Während der Fernseher im Hintergrund läuft, arbeiten wir am Computer, tippen zwischendurch mal eben schnell eine Kurznachricht und ganz nebenbei lesen wir noch den Zeitungsartikel von heute Morgen fertig. Im Durchschnitt unterbrechen wir uns alle drei Minuten selbst, durch eintreffende Mails, Anrufe und andere Ablenkungen. Wenn wir erst mal abgelenkt sind, kann es bis zu 20 Minuten dauern, bis wir wieder in unserem ursprünglichen Prozess sind. Das ist fatal. Denn produktives, konzentriertes Arbeiten macht uns zufrieden. Werden wir jedoch permanent gestört und abgelenkt, fühlen wir uns irgendwann im Laufe des Tages genervt und gestresst und schlussendlich überfordert.

Sei deshalb sehr achtsam, womit du dich umgibst, und lasse nur noch Gutes zu deinem Wesenskern vordringen. Umgib dich mit schönen Dingen, lies wertvolle Literatur, höre schöne Musik, triff dich mit Menschen, die dir guttun und dich inspirieren, schaue positive und Mut machende Filme und Sendungen.

Umgib dich mit Menschen, die dir guttun

Den wichtigsten Einfluss auf dein Denken und Fühlen haben immer Menschen in deiner Umgebung. Erfolgreiche Personen machen es sich deshalb zu einer lebenslangen Gewohnheit, sich mit positiven, inspirierenden Persönlichkeiten zu umgeben. Ich persönlich bin von dieser These sehr überzeugt, weil man sich bewusst oder unbewusst an die Menschen im Umfeld anpasst. Ich habe mich in meinem Leben bewusst von Menschen distanziert, die ständig jammern und in ihrer Opferhaltung bleiben möchten, eine grundsätzliche negative Lebenseinstellung haben und mir dadurch meine wertvolle Lebenszeit und Energie kosten. Den Umgang mit »Energievampiren« sollten wir tunlichst vermeiden. Sei dir jedoch bewusst, dieser Rückzug kostet Kraft, Mut und Disziplin, denn oftmals haben diese Menschen auch manipulative Eigenschaften, indem sie uns im Falle eines Rückzuges ein schlechtes Gewissen einreden. Sie wollen uns häufig von unserem Weg abbringen, unsere Träume zu erreichen, weil sie oftmals selbst nicht die Kraft und den Mut haben, die eigene Komfortzone zu verlassen oder Veränderungen im Leben vorzunehmen. Meistens steckt hier auch keine böse Absicht dahinter, denn diese Menschen sind sich ihrer Muster und Verhaltensweise oftmals gar nicht bewusst. Sie möchten uns beschützen oder uns nicht verlieren. Es geht hier auch nicht darum, vollkommen egoistisch zu handeln und Menschen vor den Kopf zu stoßen und abrupt den Kontakt abzubrechen. Entwickle einfach ein feines Gespür dafür, wer dir guttut und wer für deine Entwicklung dienlich ist und dich in deiner vollen Größe annehmen kann, wie du bist.

Mit wem du dich umgibst, sagt sehr viel darüber aus, an wem du dich orientierst. So stelle ich in meinen Firmentrainings immer wieder fest, dass »Jammerer« sich gerne Gleichgesinnte suchen. Dann können sie sich nämlich solidarisieren und gemeinsam über Kollegen, den Chef oder Aktionen, die schlecht laufen, klagen. Die meisten sind happy, wenn sie jemanden gefunden haben, bei dem es noch schlechter läuft als bei ihnen selbst, denn dann fühlen sie sich nicht mehr so allein gelassen. »Jammerenergie« ist ansteckend und kann ein ganzes Team befallen. Deshalb empfehle ich hier in meinen Seminaren, solchen »Energieräubern« ein innerliches Stoppschild aufzustellen und nicht mehr mitzumachen, denn man wird für den Jammerer sehr schnell uninteressant, wenn man sein Klagen nicht unterstützt; er sucht sich ein neues »Opfer«, von dem er seine Energie beziehen kann.

Frage dich, wer diese fünf Menschen sind, mit denen du am meisten Zeit verbringst? Vergib nun ein Plus für die Menschen, die dir guttun. Das spürst du, denn auf diese Menschen freust du dich. Ein Doppelplus für deine Herzensmenschen, deinen besten Freund oder beste Freundin. Der Umgang mit diesen Menschen erwärmt dein Herz. Dort ist die Kommunikation auf Augenhöhe und wir können uns bedingungslos öffnen. Geben und nehmen sind im Einklang. Vergib ein Minus für die Menschen in deinem Umfeld, die dir Energie rauben. Auch das fühlst du, denn auf diese Menschen freust du dich nicht. Und falls es Menschen in deinem Umfeld gibt, für die du ein Doppelminus vergibst, so rate ich dir, dich von diesen Menschen zurückzuziehen, denn das sind die klassischen Energievampire. Nach der Begegnung mit solchen Menschen fühlen wir uns müde, ausgebrannt und leer und wissen oft gar nicht so recht, warum. Pflege stattdessen den Kontakt zu Menschen mit einer positiven Lebenseinstellung. Menschen, die in ihrem Handeln Vorbilder für andere sind und die in ihrem Leben etwas bewegen.

Einfach mal nichts tun – gönne dir regelmäßig Auszeiten
Klingt wunderbar, oder? Bewusste Auszeiten gönnen wir uns leider viel zu selten oder nie: Unser Leben ist prall gefüllt mit Verpflichtungen, Ansprüchen und Erwartungen an andere und auch an uns selbst. Wie wäre es wohl, wenn wir uns von all dem ab und zu befreien würden? Einfach mal sagen würden: »Ich mache nun nichts, na und!« Es wäre eine Wohltat, denn nur wer ab und zu nichts macht, lebt. Ein kleines Fenster der Ruhe und Achtsamkeit, ein Fenster für eine Auszeit vom Alltag. Lass es uns wagen!

Dem Nichtstun eilt in unserer Gesellschaft ein schlechter Ruf voraus, sind wir doch immer darauf bedacht, die Zeit sinnvoll und gewinnbringend zu nutzen. Wer scheinbar nichts tut, ist ein Faulpelz und als solcher will schließlich niemand angesehen werden. Nur wer viel schafft und erreicht, wird respektiert und womöglich auch bewundert. Das gilt für Freizeit und Beruf gleichermaßen.

Uns allen steht eine innere Stimme zur Verfügung. Aber wenn es rundherum zu hektisch ist, können wir sie nicht mehr hören. Doch sie ist immer da. Wir müssen nur auf unsere persönliche Art lernen, wie wir sie wahrnehmen können. Schaffe dir deshalb regelmäßig »Inseln der Ruhe«, die dir Entspannung und Gelassenheit schenken. Beginne bereits deinen Tag mit Ruhe und Gelassenheit und gönne dir einen bewussten Start in den Tag. Genieße die erste Tasse Kaffee in aller Ruhe. Ich habe mir das angewöhnt und möchte es nicht mehr missen. Diese frühen Morgenstunden gehören nur mir und ich plane meinen Tag ganz bewusst.

Neueste Forschungen zeigen, dass wir einige Formen der Selbsterkenntnis nur in Phasen erleben, in denen wir nichts tun. Zumal in unserem Körper beim Nichtstun weit mehr geschieht, als wir vielleicht zunächst annehmen. Eine bestimmte Region schaltet sich dann nämlich in unserem Gehirn ein, wenn unsere Gedanken abschweifen oder wir uns Tagträumen hingeben. Wenn wir zum Beispiel an einem sonnigen Tag im Gras liegen und die Augen schließen oder im Sand sitzen und dem Rauschen des Meeres lauschen oder einfach nur während der Arbeit aus dem Fenster starren. Das sogenannte »Default-Mode-Netzwerk« springt nicht nur an, wenn wir uns ausruhen, sondern auch, wenn wir unsere Aufmerksamkeit nach innen richten und uns selbst zuwenden. »Wir lassen unseren Gedanken freien Lauf und die Inhalte des Unterbewusstseins können bis zu unserem Bewusstsein durchdringen«, so der Kognitions-Wissenschaftler Andrew Smart. Das »Leerlauf-Zentrum« verarbeitet dann

Informationen, die sich mit unseren Emotionen, Beziehungen und Zukunftsfantasien beschäftigen. Gönne dir deshalb regelmäßig Auszeiten im Alltag, um neue Kraft zu tanken, um dann später neue Projekte wieder mit Elan zu starten.

Durch Dauerstress ohne fehlende Erholung reduzieren wir unsere Leistungsfähigkeit und schädigen unsere Gesundheit. Erst durch regelmäßige und gut genutzte Pausen werden die Arbeitsphasen schöpferisch, konzentriert und produktiv. 23 Prozent der Beschäftigten in Deutschland machen keine Pausen, jeder achte kommt sogar krank zur Arbeit. Viele meinen auch, Pausen könnte man leicht weglassen. Wenn wir häufig das Gefühl haben, ständig abliefern zu müssen, uns anzustrengen und für andere da zu sein, dann ist unser eigener Rhythmus aus dem Takt gekommen.

Speziell in intensiven Phasen unseres Lebens, wenn wir zum Beispiel vorhaben, neue Projekte umzusetzen, ist es besonders wichtig, dass wir uns aus dem Alltag zurückziehen und uns Zeit für unser körperliches, geistiges und seelisches Wohlbefinden gönnen. Diese Zeit in dich zu investieren ist sehr wertvoll. Begegne dir selbst und kultiviere ein positives Selbstgespräch. Frage dich, wie es dir geht, was du fühlst und was du brauchst. Mit sich selbst Zeit zu verbringen ist die Grundlage für innere Klarheit. Während dieser Phasen haben wir Kontakt zu unserer Intuition und zu unserer »inneren Stimme«, denn diese spricht immer zu uns. Die Frage ist nur, ob wir sie hören wollen. Viele vermeiden diesen Kontakt bewusst und lenken sich permanent durch die hektische Außenwelt ab. Einer Klientin, die an diesem chronischen »Ablenkungssyndrom« litt, habe ich empfohlen, mindestens dreimal pro Woche eine halbe Stunde »Zeit für mich« in den Kalender einzutragen. Spontan fragte sie mich: »Was, so viel?« Beim nächsten Coaching-Termin erzählte sie mir, dass sie erst mal überlegen musste, was sie in dieser Zeit mit sich anfangen sollte. Denn diese Erfahrung war neu für sie, war sie doch in ihrem hektischen Alltag permanent beschäftig und im »Machen-und-Tun-Modus«. Ich empfahl ihr, eine halbe Stunde lang einen Spaziergang in der Natur zu machen und dabei nicht zu sprechen und das Handy zu Hause zu lassen. Mittlerweile sind die »Auszeiten« fixer Bestandteil ihres Alltages und diese heilsame Zeit macht sich in der positiven Ausstrahlung ihrer gesamten Persönlichkeit bemerkbar. Einen ähnlichen Fall hatte ich in einem Coaching mit einer Führungskraft. Der Manager erzählte mir, dass er unter seinem Leistungsdruck litt und abends, wenn er nach Hause kam, seine Familie permanent seine negativen Emotionen zu spüren bekam. Das wollte er ändern. Als erste Maßnahme empfahl ich ihm, sich bequeme Sportschuhe mit in sein Auto zu nehmen und nach seinem Büroalltag einen Spaziergang von 15 Minuten in dem Waldstück zu machen, welches auf seinem Heimweg lag. Unterstützend für seinen Stressabbau empfahl ich ihm noch ein paar Atemübungen. Nachdem er das regelmäßig praktizierte, kam er abends entspannt und gut gelaunt zu seiner Familie und wirkte generell viel gelassener.

Alleinsein, aber nicht einsam

Durch die digitalen Medien scheinen wir mehr denn je zuvor verbunden zu sein. Und doch fühlen sich so viele Menschen isoliert und einsam. Sie sitzen vor ihrem Handy oder Laptop und fühlen sich verlassen. Ich glaube, dass sich jeder bewusst oder unbewusst trotz der stolzen Zahlen an »digitalen Freunden« in der Tiefe nach Verbundenheit sehnt. Nimm dir deshalb regelmäßig Zeit für dich, um mit dir allein und vor allem auch in der Stille zu sein. Wähle dafür eine Tageszeit, in der es für dich am einfachsten ist, und plane regelmäßig diesen Termin mit dir und nutze ihn für deinen inneren Dialog. Den meisten fällt dies am Morgen nach dem Aufstehen am leichtesten, bevor sie mit Anforderungen des Tages von Familie und Beruf konfrontiert sind.

Der regelmäßige Kontakt mit der Natur kann uns ebenso unterstützen, uns vom oft hektischen Alltag zu befreien und Belastendes loszuwerden. Nutzen wir die heilsame Kraft von Luft, Wasser, Wäldern und Bergen, diese klare Energie ist Balsam für Körper, Geist und Seele. Nur fünf Minuten in der Natur heben bereits die Stimmung und das Selbstwertgefühl und senken nachweisbar den Stress. Verbinden wir uns mit ihr und pflegen regelmäßig den Kontakt, so erneuern sich unsere Lebensenergie und Lebensfreude. Unsere einzigartigen Naturschätze holen uns zurück ins Hier und Jetzt und lassen uns in Dankbarkeit den Augenblick genießen. Nimm diese Zeit zum Anlass für eine Innenschau ganz nach dem Vorbild der Natur und entdecke deine schönsten und wertvollsten Seiten.

Eine der wirkungsvollsten Methoden auf deinem Weg zu mehr Selbstwertschätzung und Selbstfürsorge ist Meditation. Durch regelmäßige Meditation kommen wir zur Ruhe, finden unsere innere Mitte und verbinden uns mit unserem wahren Selbst, unserem spirituellen Teil in uns. Meditation öffnet die Tür zum Unterbewusstsein und wir können so den kritischen Geist im entspannten Zustand umgehen. Die Aufmerksamkeit richtet sich dadurch weg von der Außenwelt und hin zur Innenwelt. Wir haben Zugang zu unserer Intuition und durch die Gedankenstille zu unserem inneren Dialog. Manche Menschen besitzen einen starken analytischen Geist und versuchen oftmals mit dem Intellekt alles zu bewerten, zu prüfen und zu verarbeiten. Ihnen fällt es dadurch schwerer, Zugang zum Unterbewusstsein zu bekommen, da sie sich durch die permanenten Denkprozesse häufig im sogenannten Beta-Zustand (13–21 Hz) befinden. Das ist die Frequenz unserer Gehirnströme während unseres Alltagsbewusstseins. In diesem Wachzustand ist unsere Aufmerksamkeit erhöht und unser Intellekt aktiv. Im Bereich von 21 bis 38 Hz befinden wir uns im Dauerstress – wir können nicht mehr richtig »abschalten«. Diesen Bereich bezeichnen Wissenschaftler als den Bereich einer »permanenten Alarmbereitschaft«. Der *Alpha-Bereich* (8–12 Hz) entspricht dem Zustand leichter Entspannung. Der *Theta-Zustand* (3–8 Hz) steht für Meditation und tiefe Entspannung. Deshalb ist es gerade für jene Menschen, die sehr analytisch veranlagt sind oder sich häufig im Stressmodus befinden, besonders ratsam, sich mithilfe von Meditation in einen entspannten Zustand zu bringen.

Vor einigen Jahren gab es eine Untersuchung einer Gruppe von Menschen, die für fünf Jahre regelmäßig zweimal täglich 30 Minuten meditierten: Ihr biologisches Alter war zwölf Jahre jünger als ihr physiologisches Alter. Wenn du regelmäßig meditierst, siehst du also nicht nur jünger und entspannter aus, sondern du beginnst wieder, deinen Körper und seine Empfindungen bewusst wahrzunehmen. Du verlierst das Bedürfnis nach schädlichen Gewohnheiten und stellst fest, dass du besser schläfst. Darüber hinaus verändert Meditation deine Ausstrahlung und deine innere Befindlichkeit. Versuche jedoch nicht, dich zum Meditieren zu zwingen, es darf leicht gehen und soll dir Freude bereiten. Hast du jedoch zu meditieren begonnen, wirst du bereits nach wenigen Malen spüren, wie diese wertvolle Zeit dir mehr inneren Frieden, Ruhe und Gelassenheit bringt.

Übung

Machen wir uns doch mal eine »Ist-schon erledigt-Liste«. To-do-Listen kennt jeder. Aber was wir alles jeden Tag leisten, das fällt uns oft gar nicht mehr auf. Höchste Zeit also, uns dafür mal zu loben. Mit einer »Ist-schon-erledigt-Liste«. Denn bei all den Pflichten, die uns auf den Schultern liegen, vergessen wir leicht, was und wie viel wir eigentlich schaffen. Und das ist einiges! Nehmen wir also einen Stift und einen Zettel zur Hand und schreiben alles auf, was wir heute alles geschafft haben. Oft kritisieren wir uns selbst für Dinge, die wir hätten besser machen können, und stellen zu hohe Ansprüche an uns selbst. Schenken wir uns doch lieber selbst Wertschätzung und Anerkennung für all das, was wir bisher geschafft und gut gemacht haben.

Achtsamkeit im Alltag leben

Achtsamkeit im Alltag ermöglicht uns, den Geist in unserer schnelllebigen Zeit zu entschleunigen und innere Stille zu erlangen. Dann erdrückt uns das schnelle Tempo nicht mehr, die Reue über das Vergangene und auch nicht die Furcht um die Zukunft. Es öffnet sich uns ein neuer innerer Freiraum. Damit das geschehen kann, genügt es nicht, sich ab und zu etwas Zeit für eine Meditation aus dem geschäftigen Alltag freizuschaufeln. Es geht vielmehr darum, alle Elemente des Alltags als Gelegenheit zu erkennen, Achtsamkeit und Mitgefühl zu üben und zu lernen. Die wichtigsten Lehren finden wir nicht in Büchern. Wir hören sie auch nicht in Unterweisungen verschiedener Lehren. Sie kommen aus unserem eigenen Leben. Wir finden sie in den alltäglichen Begebenheiten, in der Art, wie wir unser Leben gestalten und wie wir mit unseren Mitmenschen umgehen beziehungsweise wie wir ihnen begegnen.

Wenn wir viele Jahre mit schnellem Tempo durchs Leben gelaufen und immer nur »geschafft« haben, hält uns das Leben irgendwann auf und fordert uns auf, langsamer und achtsamer zu werden – kleinere Schritte zu machen und öfter innezuhalten und bewusst zu werden. Auch das Unterhaltungsprogramm ist oftmals für viele Ablenkung und Schmerzbetäubung. Indem wir unsere Aufmerksamkeit ständig nach außen richten, verhindern wir den Kontakt zum Wichtigsten, zu unserem Innenleben. Wir wollen so oft unbewusst vermeiden, »uns selbst« zu begegnen.

Jeder Tag ist ein Geschenk, denn er ist einzigartig und kommt nie wieder. Wie du dich heute Abend fühlst, entscheidest du jetzt, jetzt in diesem Augenblick bei jeder Tätigkeit und bei jeder Begegnung mit einem Mitmenschen und jeder stattfindenden Beziehung und Begegnung mit dir selbst. Übe dich darin, die täglichen Dinge bewusst, achtsam und mit Hingabe zu tun. Solange wir selbst nicht dabei präsent sind in dem, was wir tun, funktionieren wir nur und verlieren unsere Freude und Lebensenergie.

MEIN DIAMANT FÜR DICH

Sei achtsam und lasse nur noch Gutes zu deinem Wesenskern vordringen. Nimm dir regelmäßig Zeit für eine Innenschau und stell dir folgende Fragen, idealerweise sind Jahreswechsel oder Geburtstage dafür besonders geeignet: Welche Samen habe ich gesät? Wie wird meine Ernte im neuen Jahr aussehen? Wo hadere ich mit mir selbst und meiner Vergangenheit? Welche Lebensbereiche fühlen sich nicht mehr stimmig an? Wo stehen Veränderungen an? Diese Fragen sind essenziell für unsere persönliche Entwicklung und unser inneres Wachstum. Durch diesen regelmäßigen inneren Dialog finden wir eine Stabilität tief in uns jenseits der äußeren Sicherheiten. Somit werden wir zur Kraftquelle für andere Menschen und können diese an unserer Fülle und Lebensfreude teilhaben lassen.

III. Vorsicht! Begeisterung steckt an!

Deine Begeisterungsfähigkeit trägt deine Hoffnungen empor zu den Sternen. Sie ist das Funkeln in deinen Augen, die Beschwingtheit deines Ganges, der Druck deiner Hand und der Wille und die Entschlossenheit, deine Wünsche in die Tat umzusetzen.

Henry Ford

Leidenschaft statt Langeweile – wie du mit Begeisterung lebst

Jammern steckt an. Begeisterung steckt an. Womit steckst du andere an? Wie viel Begeisterung hast du in deinem Leben? Kennst du das Gefühl, wenn du über etwas sprichst, das dich eigentlich gar nicht interessiert? Du brauchst dich selbst nur zu beobachten – wie ist dein Gesichtsausdruck, wie laut sprichst du, wie intensiv ist deine Gestik und wie viel Energie strahlst du aus, wenn du für eine Sache brennst? Und jetzt denke das Gegenteil, du sprichst über dein liebstes Hobby, einen Herzensmenschen oder ein freudiges Erlebnis und beschreibst es in den glühendsten Farben, deine Begeisterung ist für jeden sofort erkennbar und spürbar. Wir drücken unsere Begeisterung unwillkürlich über Körper, Stimme und Gesichtsausdruck aus und für unser Gegenüber wird spürbar, dass wir vor »Begeisterung glühen« beziehungsweise etwas mit »Leib und Seele« tun.

Dieses Phänomen gilt natürlich nicht nur, wenn du von deinem Lieblingshobby schwärmst, sondern auch für deine Arbeit. Ob du Freude und Spaß an deiner Tätigkeit hast und diese gerne ausübst, fühlen Menschen, wenn sie dir begegnen. Frage dich täglich, welchen »Rucksack« du regelmäßig in deine Arbeit mitbringst, deinen »Lustrucksack« oder deinen »Frustrucksack«. Am besten stellst du dir in der Früh vor dem Spiegel die Frage: »Möchte ich mir heute so begegnen?« Sei dir dessen bewusst, der Kunde oder dein Gegenüber spürt deine Haltung und nimmt wahr, ob du deinen Job gerne ausübst oder von deiner Dienstleistung und deinen Marken begeistert und überzeugt bist.

Sehr ernüchternde Ergebnisse dazu liefert die alljährlich veröffentlichte Gallup-Studie zum Thema »Motivation am Arbeitsplatz«: Auch 2018 belegt die Gallup-Studie wieder ein großes Problem mit der Mitarbeiterzufriedenheit und der internen Kommunikation in deutschen Unternehmen. Für den »Engagement Index Deutschland« befragt Gallup seit mittlerweile 17 Jahren jährlich 1000 nach dem Zufallsprinzip ausgewählte Beschäftigte zu ihrer Motivation am Arbeitsplatz.

Das Ergebnis: Nur ein Fünftel der befragten Mitarbeiter fühlt sich dem eigenen Unternehmen mehr oder weniger emotional verbunden, mit 15 Prozent fühlt sich ein noch kleinerer Anteil richtig wohl. Ungefähr ebenso viele Beschäftigte haben innerlich bereits gekündigt. Knapp drei Viertel der Befragten machen lediglich noch Dienst nach Vorschrift. Damit ähneln die Ergebnisse stark denen aus dem Vorjahr.

Die Unternehmen scheinen das Problem mit der Mitarbeitermotivation nicht in den Griff zu bekommen. Anders ist es nicht zu erklären, dass die Ergebnisse der Gallup-Studie seit Jahren immer wieder aufs Neue massive Defizite bei der emotionalen Bindung zwischen Mitarbeitern und ihren Unternehmen aufdecken. Schließlich handeln Beschäftigte nur dann prinzipiell verantwortungsvoll und im Sinne des Unternehmens, wenn sie einen positiven Bezug dazu haben.

Neben den Arbeitsbedingungen spielt vor allem auch die interne Kommunikation eine zentrale Rolle für den Zusammenhalt innerhalb des Unternehmens. Besonders mangelnde Fehlerkultur und schlechte Führungskommunikation sind häufig Gründe dafür, dass Mitarbeiter sich von ihrem Unternehmen abwenden.

Der volkswirtschaftliche Schaden der geschilderten Bilanz geht laut Gallup in die Milliarden: Er wird auf bis zu 103 Milliarden Euro beziffert. Unternehmenslenker und Führungsverantwortliche sollten diese Zahl dringend zum Anlass nehmen, ihre interne Kommunikation zu überdenken. Moderne Medien für die Kommunikation und Kollaboration im Unternehmen können ein erster Schritt sein, um die interne Kommunikation zu verbessern. Wirkliche Erfolge lassen sich aber erst dann erzielen, wenn auch die Kultur und das Mindset im Unternehmen auf den Prüfstand gestellt werden und bei den Verantwortlichen die Bereitschaft zu tatsächlichen Veränderungen vorhanden ist. Im Zentrum der internen Kommunikation stehen jedenfalls die Beschäftigten, sie gilt es einzubinden, ihnen gilt es zuzuhören.

Unterstützt wird das Phänomen unserer weit verbreiteten »Jammer-Kultur« beziehungsweise der »Montagmorgen-Frust-Kultur« vom Mindset unserer Medien. Viele Menschen verlegen das »Jammern«, dass sie Montag wieder arbeiten »müssen«, schon auf Sonntagabend vor und verbringen wertvolle Lebenszeit damit, sich selbst zu demotivieren. Am Montagmorgen wird dann unser »Frustrucksack« auf dem Weg zur Arbeit mit weiteren Parolen aus den Medien gefüllt, wie zum Beispiel: »Durchhalten, nur noch fünf Tage bis zum Wochenende!« Hier empfehle ich den Satz »*Ich muss arbeiten*« durch den Satz »*Danke, dass ich arbeiten darf*« zu ersetzen. Sei achtsam und prüfe stets, welche Informationen du an dich heranlässt, und meide negative Medienberichte.

Nur wer selbst brennt, kann Feuer in anderen entfachen

Was du in anderen entfachen willst, muss zuerst in dir selbst brennen. Der Grad an Begeisterung hat direkten Einfluss auf den Erfolg deines Vorhabens. Aufrichtiges Interesse und echte Begeisterung kann man nicht heucheln. Denn spätestens, wenn konkrete Nachfragen kommen, zeigt sich, wer von einer Sache absolut durchdrungen ist und klar begründen kann, warum er dafür brennt. Einen begeisterten Menschen erkennen wir an seiner faszinierenden Ausstrahlung, an seiner Körpersprache und seinem Gesichtsausdruck. Die Augen glühen vor Begeisterung, doch bei manchen Menschen flackert oftmals nicht einmal mehr ein Teelicht. Warum das so ist? Weil viele Menschen nur noch wissen, was sie zu erfüllen haben, und nicht mehr wissen, was sie erfüllt. Sie funktionieren im Alltagstrott.

Viele üben eine Tätigkeit aus, die sie nicht begeistert, und erleben im Gegenzug auch im privaten Bereich Freizeit, Familie, Partnerschaft wenig Lebensfreude und Erfüllung. Sie »funktionieren« im Alltagstrott und brennen dabei aus. »Burn-on« anstelle von »Burn-out« lautet das neue Motto. Finde das, wofür du brennst, im Idealfall ist es dein Job. Wir verbringen zwei Drittel unserer Lebenszeit in unserem Job, da sollte es doch unser Anspruch sein, dass dieser Spaß macht. Auch wenn ich dazu keine Studien vorlegen kann, bin ich mir sicher, dass die meisten Menschen auf die Frage

»Warum arbeiten Sie?« einheitlich antworten würden: »Ich muss Geld verdienen.« Das ist grundsätzlich auch richtig, denn ohne Geld gibt es in unserer modernen Zivilisation kein Überleben. Dennoch sollte Geld nicht der Hauptgrund sein, warum du zur Arbeit gehst. Das Leben darf Spaß und Freude machen und das nicht nur für ein paar Stunden am Tag während unserer Freizeit. Nur wenn wir das tun, was uns begeistert und Freude bereitet, ist es möglich, über das »Mittelmaß« hinauszugehen und mehr zu geben als alle anderen. Wie viel bist du bereit zu geben?

Es sind deine Talente und Leidenschaften, die dich begeistern, die dir einen klaren Hinweis auf deine Lebensbestimmung geben können. Du wirst immer dort die besten Leistungen erbringen, wo du etwas tust, von dem du vollkommen fasziniert bist. Etwas, das dich vollkommen einnimmt. Ein Zeichen dafür ist immer dein »Wissenshunger« für das jeweilige Thema. Es bereitet dir große Freude, dich in diesem Bereich weiterzuentwickeln. Es nimmt dich völlig ein und du sprichst auch in deiner Freizeit mit deinen Freunden darüber und es bereitet dir keine Mühe und Anstrengung. Jeder von uns hat eine einzigartige Gabe, ein einzigartiges Talent, das es gilt herauszufinden. Wenn du über deine Talente nachdenkst, beginne bei deiner Vergangenheit. Betrachte alle Situationen, in denen du Großartiges geleistet hast und in denen du richtig stolz auf dich warst. Einen ebenso wichtigen Hinweis dazu kann deine Kindheit geben. Was hast du als Kind oft gemacht? Was hat dir Spaß gemacht? Vielleicht hast du eine bestimmte Sportart besonders gerne ausgeübt, hast gerne musiziert oder getanzt oder du warst besonders kreativ oder auch handwerklich begabt. Oftmals können darin einige deiner versteckten Talente liegen.

Ein weiterer Hinweis können herausfordernde Zeiten in deinem Leben sein, in denen du schwierige Situationen bewältigen musstest. Solche besonderen Herausforderungen können deine versteckten Fähigkeiten hervorbringen.

Wenn du zum Beispiel eine schwere Zeit oder einen Schick-salsschlag überwunden und mentale Stärke entwickelt hast, kannst du anderen Menschen dabei helfen, die Ähnliches erleben, ebenso wieder in ihre Kraft zu finden.

Dinge, die dich glücklich machen, und alles, was du mit Leidenschaft tust, können dich auf deine Talente hinweisen. Wofür bekommst du öfters Komplimente? Bei welchen deiner Aktivitäten bist du so vertieft und begeistert bei der Sache, dass du dabei komplett das Zeitgefühl verlierst? Was sind Themen, über die du gar nicht mehr aufhören kannst zu sprechen? Dahinter verbirgt sich mit hoher Wahrscheinlichkeit eines deiner Talente.

Wenn wir dieses Talent entdecken und der Welt zum Geschenk machen, dann können wir nicht »nicht erfolgreich sein«.

Begeistere dich für dein Leben!

Unternimm möglichst viele Dinge, die dich begeistern und die dir Spaß und Freude bereiten. Finde das, wofür du brennst, entzünde das Feuer der Begeisterung und sorge dafür, dass es nie mehr erlischt. Diese Lebensenergie ist ansteckend, einmal in die Umgebung gesetzt, breitet sie sich unaufhaltsam aus, sie erfasst jeden. Das Geheimnis einer begeisterten Persönlichkeit ist nicht ihre Intelligenz oder ihre Redegewandtheit. Es ist ihre faszinierende Ausstrahlung, ihr Enthusiasmus, dem sich niemand entziehen kann. Große Projekte und Vorhaben können nur gelingen, wenn wir mit großer Leidenschaft und Begeisterung handeln. Bring also mehr Elan und Temperament in dein Leben. Die ganze Welt soll sehen, dass da ein Mensch kommt, der vor Begeisterung nur so strotzt.

Wir leben in einer grandiosen, wunderbaren Welt. Das

Leben ist ein Geschenk. Schaut man in die Gesichter der Menschen, scheinen das viele vergessen zu haben. Wie viel Begeisterung hast du in deinem Leben? Beantworte dazu folgende Fragen:

Übung

- Wann hat dir das Herz das letzte Mal vor lauter Begeisterung geschlagen?

....

....

....

- Wann hast du das letzte Mal andere Menschen mit deiner Begeisterung angesteckt?

....

....

....

- Erfüllt dich deine Arbeit mit Begeisterung?

....

....

....

- Was versetzt dich jedes Mal automatisch in einen begeisterten Zustand?

. . . .

. . . .

. . . .

- Welche Schritte kannst du setzen, um mehr Begeisterung in dein Leben zu bringen?

. . . .

. . . .

 MEIN DIAMANT FÜR DICH

Mache es zu deiner Pflicht, Impulse zu setzen und andere mit deiner Begeisterung anzustecken. So viele sehnen sich nach einem Leben mit Sinn und Leidenschaft. Lebe jeden Tag die beste Version deiner selbst und werde durch das eigene Handeln zum strahlenden Vorbild für andere Menschen. Begeistere dich für das, was du tust – und mache deinen Beruf zur Berufung! Begeisterung setzt ungeahnte Kräfte in dir frei und gibt dir auch in schwierigen Zeiten die Kraft durchzuhalten. Mit dem Grad an Begeisterung steigern sich Mut und Zuversicht und diese wiederum geben dir in schwierigen Zeiten die nötige Kraft. Und vergiss eines nie: Begeisterung ist der Schlüssel zu den Herzen der Menschen.

IV. Wertschöpfung durch Wertschätzung

Willst du dich deines Wertes freuen, so
mußt der Welt du Wert verleihen.
JOHANN WOLFGANG VON GOETHE

Durch Wertschätzung steigern wir den Wert von Menschen

Wertschätzung ist eine positive Grundhaltung gegenüber anderen Menschen. Indem wir anderen Menschen unsere Wertschätzung ausdrücken, steigern wir ihren Wert. Wir schätzen jemanden als wertvoll, unabhängig von seiner Leistung, von seinem Handeln und seinem Äußeren. Eine grundlegende wertschätzende Haltung für unser Gegenüber einzunehmen zeugt von hohem Respekt.

Wenn ich für Firmenseminare gebucht werde, bekomme ich in den meisten Fällen im Zuge des Briefings auch das Firmenleitbild zu lesen. Gelebte Wertschätzung und Respekt steht in nahezu jedem Firmenleitbild schriftlich festgehalten. Doch Papier ist bekanntermaßen geduldig. Denn ob diese Wertschätzung innerhalb der Unternehmenskultur auch tatsächlich gelebt wird, spürt man meinst schon innerhalb kürzester Zeit. So war es unlängst Bestandteil meines Briefings in einem renommierten Pharmakonzern, dass ich den Mitarbeitern »endlich mal richtig Gas geben soll«. Diese Grundhaltung zeigte mir, dass es mit der gelebten Wertschätzung gegenüber den Mitarbeitern noch Luft nach oben gibt.

Wann immer Menschen einander grundlegende wertschätzende Haltung entgegenbringen, so ist es eine Begegnung von Herz zu Herz. Es ist etwas, wonach wir uns alle sehnen. So angenommen zu werden, wie wir sind, und geschätzt zu werden, einfach weil es uns gibt und wir nichts dafür tun müssen.

Denn nur wenn die Stimmung gut ist, stimmt auch die Leistung. Heute sollten wir nachdrücklicher denn je betonen, dass Anerkennung, Aufmerksamkeit und Respekt jeder verdient. Nicht, weil er etwas leistet oder gut aussieht, sondern einfach, weil er ein wertvoller Teil der Schöpfung ist. Jeder Mensch ist in seinem Innersten schön und ist es wert, geliebt und geschätzt zu werden.

In meinen Trainings gibt es eine Übung zum Thema Wertschätzung, die nicht nur ich, sondern auch meine Teilnehmer sehr lieben. Es ist eine Partnerübung, in welcher jeder seinem Gegenüber ausdrückt, was beide aneinander besonders schätzen und mögen. Was er am anderen besonders sympathisch findet und welche positiven Eigenschaften sonst noch entdeckt werden. Jeder bekommt dafür mindestens fünf Minuten Zeit. Fast immer sind die Teilnehmer sehr berührt über das, was sie zu hören bekommen. Es sind oftmals Kollegen und Kolleginnen, welche schon Jahre oder Jahrzehnte zusammenarbeiten und diese gegenseitige Wertschätzung noch nie ausgesprochen haben. Manche nehmen sich in den Arm und nicht selten fließen Tränen der Berührung. Nach der Übung, stelle ich immer fest, gibt es nur noch strahlende Gesichter. Wir sollten das grundsätzlich zu unserer Kommunikationskultur machen, alles auszusprechen, was wir an Menschen in unserem Umfeld schätzen. Wenn uns etwas nicht gefällt, sprechen wird das ja auch aus. Also beschenke dein Umfeld regelmäßig mit Wortkomplimenten, natürlich nur, wenn diese auch aufrichtig und ehrlich gemeint sind.

Steigere den Wert deiner Persönlichkeit

Menschen erfolgreich führen kann ich nur, wenn ich selbst an meine Stärken glaube. Aus anderen Menschen das Beste herausholen kann ich nur, wenn ich das Beste in ihnen sehe, mich auf ihre Stärken und Talente fokussiere und an sie glaube. Und der Glaube versetzt bekanntermaßen Berge. Wenn wir Menschen in unserem Umfeld haben, die das Beste aus uns herausholen und uns in unserer wahren Größe sehen, sind Höchstleistungen möglich. Wie sich wertschätzender Umgang und positive Erwartungshaltung auf unser Umfeld auswirken, beschreibt auch der sogenannte Rosenthal-Effekt, auch Pygmalion-Effekt genannt (siehe auch selbsterfüllende Prophezeiung). Der amerikanische Psychologe Robert Rosenthal hat sich mit den Auswirkungen einer positiven Erwartungshaltung auf verschiedene Lebensbereiche beschäftigt. Wichtig ist das Wissen um das Rosenthal-/Pygmalion-Muster im Kontext von Menschenkenntnis sowie Bewertung und Förderung von Menschen, sei es im Job zwischen Führungskraft und Mitarbeitern oder in der Schule zwischen Lehrern und Schülern.

Rosenthal fand bei einem Versuch heraus, dass eine zufällig ausgewählte Gruppe von Grundschülern bessere Leistungen erbrachte, nachdem ihren Lehrern weisgemacht wurde, jene Kinder hätten einen besonders hohen IQ. Es bestätigte sich, dass die Lehrer dadurch unbewusst ihr Verhalten änderten. Sie lächelten die vermeintlich intelligenteren

Schüler häufiger an und beachteten deren Beiträge besonders. Das spornte die Kinder weiter an und dadurch erbrachten sie wesentlich bessere Resultate als jene Gruppe mit dem »vermeintlich« niedrigeren IQ, welche in den Testergebnissen schlechter abschnitten und auch weniger Beachtung und Förderung von den Lehrern erhielten.

Auch im Berufsalltag wird der Rosenthal-Effekt mit all seinen Wirkungen durch das Erwecken einer positiven Erwartungshaltung ausgelöst. Hier führt die positive Grundhaltung des Chefs, der an die Stärken seiner Mitarbeiter glaubt, dazu, dass diese mehr Selbstbewusstsein erlangen und dadurch die Leistungsfähigkeit und Motivation gesteigert wird. Projekte lassen sich erfolgreich realisieren und ein positiver Kreislauf entsteht.

Der Rosenthal-Effekt bestätigt, das, was man glaubt, wie jemand ist, oder was uns von anderen glauben gemacht wird, beeinflusst unsere Wahrnehmung und unseren Umgang mit der Person. Was du also über dich und andere denkst und glaubst, beeinflusst nicht nur deine eigene Leistung, sondern auch die deines Teams beziehungsweise deiner Mitarbeiter. Die Aussage »Man wird, wie man gesehen wird« bringt somit den Pygmalion-Effekt auf den Punkt.

Speziell für all jene, die Führungsverantwortung haben, ist es deshalb besonders wichtig, an die Fähigkeiten ihres Teams zu glauben, das Beste in ihnen zu sehen und ihm Vertrauen, Lob und Anerkennung entgegenzubringen, denn das sind die stärksten »Motivationsbooster«. Dies wiederum setzt voraus, dass du deine eigenen Stärken kennst, denn nur so kannst du diese in anderen erkennen. Viel zu häufig sind Chefs auf die Schwächen ihrer Mitarbeiter fokussiert und versuchen, diese Defizite durch Schulungen, Coachings zu korrigieren. »Eine Schwäche abzulegen kostet jedoch ungleich viel mehr Kraft, als eine Stärke zu stärken«, schreibt Management-Vordenker Fredmund Malik in seinem Buch »Führen, Leisten, Leben«. Wir sollten uns grundsätzlich

wieder mehr zu einer »Stärke- als zu einer Schwächekultur«
entwickeln.

Umgang mit minderwertschätzendem Verhalten

Schlecht behandelt zu werden ist ein Verhalten, das uns in
unserem privaten und beruflichen Alltag leider noch immer
viel zu häufig begegnet. Vielleicht ist es dein Partner, eine
Freundin, ein Arbeitskollege oder es sind deine Eltern, die
nicht dazu in der Lage sind, dich so wertschätzend zu behandeln, wie du es verdienst. Selbstredend ist es nicht einfach,
ein positives Selbstwertgefühl zu erhalten, wenn Menschen
in unserem Umfeld uns schlecht behandeln oder versuchen,
uns klein zu machen. Bestimmt kennst du in deinem Umfeld
auch Menschen, die andere immer schlecht machen oder mit
ihrem Verhalten abwerten. Niemand kann es solchen Nörg-
lern recht machen und immer finden sie Gründe, Menschen
in ihrem Umfeld als unwissend und unkompetent bloßzu-
stellen. Der Grund für minderwertschätzende Behandlung
anderer Menschen ist meist mit einem schlechten Selbstwertgefühl verbunden. Menschen, die andere abwertend behandeln, fühlen sich durch ihr Verhalten überlegen. Der Nörg-
ler fühlt sich selbst stärker, wenn er auf andere Macht aus-
üben kann. Hier gilt folgende Grundregel: *Niemand kann
dir deinen Selbstwert nehmen, wenn du es nicht zulässt.* Ab
heute entscheidest du darüber, dich in Zukunft nicht mehr
schlecht behandeln zu lassen. Ganz egal, was man dir sagt.
Du weißt, wer du bist, und deshalb darfst du dich auch
mutig verteidigen.

Ein Vorbild dafür, wie man seinen Selbstwert auch
in schwierigen Situationen behält, ist für mich Michelle
Obama. Als Donald Trump während des Wahlkampfes um
das US-Präsidentenamt sie mit niveaulosen, sexistischen Äußerungen konfrontierte, begeisterte sie ihre Mitstreiterin-

nen mit einer fulminanten Rede: »When they go low, we go high«, was übersetzt so viel heißt wie »Wenn sich andere niederträchtig benehmen, reagieren wir darauf mit Abstand und Stil«. Eine großartige Aussage einer großartigen Frau. Und das sollten wir auch für unser Leben so übernehmen. Stelle deinen Selbstwert niemals infrage, nur weil andere Menschen dich minderwertschätzend behandeln.

Sei echt, sei du selbst

Schon klar, das klingt einfacher, als es ist. Ich war selbst lange Zeit als Marketingleiterin eines erfolgreichen Unternehmens tätig und weiß, damit ein Produkt erfolgreich am Markt bestehen kann, braucht es einen USP und eine gute Marketingstrategie. All mein erlerntes Wissen aus dieser Zeit versuchte ich auch bei meinem Schritt in die Selbstständigkeit anzuwenden und machte mir Gedanken über meine Positionierung, meine Alleinstellungsmerkmale und gab viel Geld dafür aus, um mich von sogenannten Positionierungsprofis coachen und beraten zu lassen. Ein Gefühl von Zufriedenheit wollte sich jedoch nie so richtig einstellen. Eine gewisse Unzufriedenheit beziehungsweise das Gefühl, dass da noch etwas fehlt, blieb bestehen. Das Feedback der anderen, wie Menschen mich sehen und mich positionieren würden, war ermüdend. Ich begann, eigene Fragen zu stellen, und diese lauteten: »Welche Probleme haben die Menschen da draußen und welche davon kann ich mit meinen Talenten und Fähigkeiten lösen?« Plötzlich war alles ganz einfach. Ich musste mich nicht mehr neu erfinden, denn es war und ist bereits alles IN mir. Somit entschied ich mich für die einfachste, wirkungsvollste und nachhaltigste Marketingstrategie, die es für mich zurzeit in unserer teils oberflächlichen Welt gibt. »*Sei echt, authentisch und ehrlich. Sei vor allem du selbst.*« Ganz nach dem Motto: »Wenn du erst einmal deinen eigenen Weg gehst, dann kannst du auch von niemandem überholt werden.« Meiner Diplomarbeit gab ich 2012 den Namen »Meine Reise zu mir« und heute stelle ich fest, diese Reise hört nie auf und startet jeden Morgen neu.

Die wichtigsten Eigenschaften einer erfolgreichen Persönlichkeit sind dabei Charisma, Authentizität und Selbstvertrauen. Charisma und Authentizität stehen in einem engen Zusammenhang. Denn wir werden von unserem Umfeld als »authentisch« wahrgenommen, wenn unser Denken, Fühlen und Handeln übereinstimmen. Vor allem geht es hier auch um die »nonverbale« Kommunikation. Charismatische Menschen haben eine besondere Ausstrahlung und ziehen uns dadurch in ihren Bann. Wichtig ist, zwischen Image und Charisma zu unterscheiden. Ein Image kann man sich aneignen und beruht vorwiegend auf Kleidung, Rhetorik und bewusster Körpersprache. Der Modeschöpfer Helmut Lang hat es sehr schön auf den Punkt gebracht: »Mit Kleidung kann man sich eine Persönlichkeit zusammenbauen, das geht aber nur bis zum Hals.« Bei unserer Persönlichkeit und unserem Charisma geht es jedoch um viel mehr. Es geht um unsere innere Stimmigkeit, um unser inneres Leuchten. Wenn du gut bei dir selbst bist, dann strahlst du das auch aus, du wirst als authentisch wahrgenommen und das fühlen die Menschen in deinem Umfeld. Charisma und Ausstrahlung haben deshalb immer mit deiner Grundhaltung zu tun. Wolf Lasko meinte dazu treffend: »Jeder hat sein Charisma schon erlebt. Wenn er sich kreativ, glücklich und vollkommen lebendig fühlt, wenn er die Macht spürt, sein eigenes Leben lenken zu können. In diesem Moment wird uns Charisma bewusst.« Glücklich sein macht schön, und wenn du dieses Gefühl in die Welt hinausträgst, wird man bereits in deinem Gesicht sehen, dass du ein Glückskind bist. Und dieses Strahlen kommt von innen. Deine positive Ausstrahlung ist nicht nur für andere ansteckend, sie stärkt auch dein Selbstwertgefühl.

Deinen Wert bestimmen nicht andere, sondern du selbst
Jeder von uns hat Werte, nach denen er handelt und sein Leben ausrichtet. Es geht dabei um Eigenschaften, Tugenden oder Wertvorstellungen, die wir als wertvoll und erstrebenswert erachten. Diese Prinzipien geben uns Sinn und dienen als Orientierungshilfe. Sie haben großen Einfluss darauf, ob wir uns durch unser Handeln gut oder schlecht fühlen. Zu den beliebtesten Werten zählen Ehrlichkeit, Liebe, Treue, Freiheit, Toleranz, Zuverlässigkeit, Hilfsbereitschaft. Triffst du deine Entscheidungen in Übereinstimmung mit deinen Werten, fühlst du dich gut. Handelst du gegen deine Werte, fühlst du dich unwohl. Deine »innere Stimme« beziehungsweise dein Bauchgefühl lässt dich das auch spüren. Wenn du nicht nach deiner Wahrheit lebst und deinen Werten nicht treu bist, bist du nicht authentisch.

Unsere eigene Wertevorstellung ist in unserem Unterbewusstsein verankert und in erster Linie geprägt von unseren Eltern. Was sie als wichtig empfanden, haben sie an uns weitergegeben. Später haben Schule, Freundeskreis, Arbeitskollegen oder Partner einen großen Einfluss auf unser Wertesystem. Aber um ein selbstbestimmtes, erfülltes Leben zu führen, ist es wichtig, dass du deine eigenen Werte kennst. *Ein gesundes Selbstwertgefühl entwickelst du immer dann, wenn du für deine Werte einstehst und nach ihnen lebst, unabhängig von der Meinung der Gesellschaft.* Frage dich deshalb ehrlich, ob dich das Leben, das du gerade lebst, glücklich macht oder ob du nur die Erwartungshaltungen anderer erfüllst. Höre auf, eine Kopie zu sein und nach links oder rechts zu blicken. Du bist nicht hier, um es allen recht zu machen, sondern in erster Linie, um dir dein eigenes glückliches und selbstbestimmtes Leben zu erschaffen.

Übung

Notiere deine wichtigsten fünf Werte und überprüfe, ob das auch tatsächlich deine sind oder ob du diese vielleicht aus deinem Elternhaus, Schule, Freundeskreis, Partner übernommen hast. Versuche, jeden Wert zu beschreiben, was er für dich bedeutet bzw. ob und wie du diesen Wert bereits lebst.

. . . .

. . . .

. . . .

. . . .

Gerne biete ich dir hiermit eine Auswahlhilfe: Ehrlichkeit, Liebe, Treue, Freiheit, Toleranz, Zuverlässigkeit, Hilfsbereitschaft, Achtsamkeit, Dankbarkeit, Begeisterung, Herzlichkeit, Leidenschaft, Einzigartigkeit, Großzügigkeit, Mitgefühl, Verantwortung, Demut, Lebendigkeit, Lebensfreude, Optimismus, Anerkennung, Kreativität, Sicherheit, persönliches Wachstum, Spiritualität, Humor, Familie, Schönheit.

Du wirst sehen, je häufiger du auf deine inneren Impulse hörst, desto stärker wirst du vor anderen auftreten und für deine Werte einstehen. Wer sich ständig für »andere aufopfert«, den mögen die Leute zwar, weil es bequem ist. Doch je mehr wir uns für andere »aufopfern«, desto mehr rücken unsere eigenen Wünsche und Bedürfnisse in den Hintergrund. Wir sollten den Menschen in unserem Umfeld klarmachen, dass sie sich an unsere Wünsche anpassen dürfen und nicht umgekehrt, andernfalls bleibst du in der breiten manipulierbaren Masse, mit der man machen kann, was man will. Du lässt dich sonst unbewusst »freiwillig« manipulieren und das bleibt nicht ohne Folgen für dich und deine Persönlichkeit. Denn daraus resultiert wiederum der ungesunde Zwang, sich ständig mit anderen vergleichen zu wollen. Es ist deshalb wichtig zu wissen, was du willst, und dies auch zu kommunizieren. Es ist ein erhebendes Gefühl, wenn du nach deinen eigenen Prinzipien und Werten lebst und für diese einstehst. Damit wertest du dich selbst auf, schenkst dir selbst noch mehr Respekt und schätzt dich dafür noch mehr. Trage also deine neu gewonnene Stärke und dein Selbstvertrauen nach außen, denn es gibt Grund genug dazu. Die Menschen sehnen sich nach Persönlichkeiten, die Stärke und Selbstbewusstsein demonstrieren und sich von den vielen »Wankelmütigen« abheben. Nicht Harmonie um jeden Preis, sondern Geradlinigkeit und Konsequenz, dafür werden die Menschen dich mögen und vor allem du dich selbst.

 MEIN DIAMANT FÜR DICH

Was deine Persönlichkeit ausmacht, ist in erster Linie deine Selbstwertschätzung und Selbstachtung. Je mehr du dich selbst achtest und respektierst und für deine Werte einstehst, desto authentischer wirst du von deinem Umfeld wahrgenommen und desto mehr Wertschätzung und Respekt wirst du von deinem Umfeld erhalten. Umgekehrt solltest du einen feinen Sinn für den Wert und das Potenzial anderer Menschen entwickeln. Ganz wichtig: Sprich es auch aus oder schreibe es auf. Lob und Anerkennung sind die größten Motivationsbooster und schaffen ein vertrauensvolles Klima. Dieses wiederum ist die Voraussetzung für langfristigen Erfolg. Es ist alles ein permanenter Kreislauf.

V. Von der magischen Kraft der Dankbarkeit

Wäre das Wort ›DANKE‹ das einzige Gebet,
das du je sprichst, so würde es genügen.

MEISTER ECKHART

Dankbarkeit macht glücklich

Während ich dieses Buch schreibe, erlebe ich unglaubliche Momente einer tief empfundenen Dankbarkeit für mein Leben. Auf meiner persönlichen Lebensreise waren die Gleise nicht immer auf umweglos gestellt und ich durfte einige Hürden meistern. Das Schöne daran ist, dass ich diese Dankbarkeit so tief in mir fühle. Warum das so ist? Weil ich auch das Gegenteil, das sogenannte Mangelbewusstsein, sehr gut kenne. Nicht selten habe ich mit dem Schicksal gehadert und mich gefragt: »Warum passiert das alles mir?« Dinge und Situationen, die mir »das Leben verweigerte«, habe ich als viel stärker empfunden als Dinge, Situationen und Menschen, die »das Leben mir schenkte«. Häufig fühlte ich mich als Opfer meiner Lebensumstände und meiner Vergangenheit. Neben meiner wertvollen systemischen Arbeit betrachte ich meine Ausbildung zur Mentaltrainerin als einen meiner Meilensteine in meinem Leben. Hier begann ein sehr intensiver Bewusstseinswandel. Ein wesentlicher Bestandteil meiner Ausbildung bestand darin, regelmäßig Dinge aufzuschreiben, für die ich dankbar bin. Und diese Übung habe ich bis zum heutigen Tag beibehalten und es geschahen wahrlich einige Wunder in meinem Leben. Das Jahr 2019 wird wohl als ein ganz besonderes in meine Biografie eingehen. Ich empfinde gerade so viel Glück und Dankbarkeit für meine aktuelle Lebensphase, dass ich dadurch noch mehr »Glück« anziehe. Und genau das ist das Prinzip der Dankbarkeit. Dankbarkeit und Glücklichsein gehören eng zusammen. Wir versuchen immer das Pferd von hinten aufzuzäumen und glauben, »erst wenn ich glücklich bin, kann ich dankbar sein«. Aber so funktioniert das Leben nicht.

Wir leben in unserer westlichen Wohlstandsgesellschaft in einem der schönsten und reichsten Länder der Welt, haben im Schnitt zwei Autos vor dem Haus stehen, überfüllte Kühlschränke und Kleiderschränke und trotzdem laufen die Menschen mit ausdruckslosen, freudlosen Gesichtern durchs Leben. Irgendetwas stimmt doch mit unserer Gesellschaft grundlegend nicht. Wir erleben den klassischen Mangel im Überfluss. Ein Zuviel an materiellen Gütern heilt unsere seelischen Narben nicht, im Gegenteil: Und genau hier dürfen wir hinschauen. Ich durfte im Rahmen meines Umzuges selbst gerade erleben, wie befreiend es ist, sich von materiellem Ballast zu trennen. Weniger ist das neue Mehr. Und wenn wir uns im Alltag so oft wie möglich klarmachen, dass unsere Grundbedürfnisse allesamt erfüllt sind, und auf konkrete Bestätigungen hierfür achten, erzeugen unsere Instinkte immer öfter Glücksgefühle statt unangenehme Gefühle. Unsere Wahrnehmung stellt sich von Problemen auf Glücksgefühle um.

Du bist reich beschenkt

Die meisten Menschen sind sich nicht bewusst, was ihnen das Leben laufend schenkt. Würden sie dies schätzen und würdigen, würden sie ihre Energie sofort von Mangel auf Fülle und Dankbarkeit lenken. Dankbarkeit ist ein kraftvoller Prozess, um die Energie umzulenken und mehr von dem, was wir möchten, in unser Leben zu ziehen. Dankbar zu sein für alles, was man hat, zieht noch mehr Gutes an. Wenn wir im Voraus danken, beschleunigen wir unsere Wünsche und senden ein machtvolles Signal aus. Meist vergessen wir in diesem Stressmodus die vermeintlich »kleinen Dinge« im Leben, die selbstverständlich geworden sind. Wir nehmen stressige, belastende Situationen viel stärker wahr als die positiven Situationen und Menschen, die uns umgeben. Sei deshalb dankbar für deine Arbeit, deine Kollegen, deine Talente, deine Familie, deine Freunde und Herzensmenschen, deine Gesundheit und all das Gute in deinem Leben. Durch positive Gefühle wie Freude, Lust und Begeisterung wird aus unserer »Problemsuchmaschine« ein »Schatzfinder«. Diesen Prozess kann man unterstützen, indem wir unsere Wahrnehmung bewusst auf schöne Dinge richten. Damit setzen wir eine Rückkoppelungsschleife in Gang, bei der sich jede positive Wahrnehmung in der äußeren Realität widerspiegelt, wodurch unsere Aufmerksamkeit noch stärker auf schöne Dinge gelenkt wird. Gehe mit dieser neuen Geisteshaltung durch dein Leben und du hast so gut wie gewonnen.

Eines habe ich vom Leben gelernt: Wenn du für das, was das Leben dir bietet, dankbar bist, veränderst du dadurch auch dein Umfeld. Wer dankbar durchs Leben geht, strahlt diese Dankbarkeit auch aus. Dankbarkeit hat eine bestimmte Frequenz. Mit dieser Frequenz schicken wir an das Leben die Information: »Ich bin reich beschenkt.« Dadurch wirken wir wie ein Magnet und ziehen noch mehr schöne Dinge in unser Leben.

Beginne jeden Tag mit dem Bewusstsein der Dankbarkeit. Wenn du morgens aufwachst, dann bleibe noch ein paar Minuten im Bett und nimm den neuen Tag bewusst als Geschenk wahr. Lasse auch die Menschen in deinem Umfeld wissen, dass du dankbar bist, dass es sie gibt, und »verschenke Komplimente« oder drücke deine Wertschätzung für Personen in deinem Umfeld aus. Dankbarkeit ist eine starke, positive Energie und holt uns sofort vom Mangel in die Fülle. Diese positive Kraft ist zudem unglaublich gesund, sie stärkt nicht nur unser Immunsystem, sondern entspannt den ganzen Körper und wirkt sich zudem auf unser Umfeld aus. Denn durch ein tief empfundenes Gefühl der Dankbarkeit strahlen wir automatisch Anerkennung, Wertschätzung und Lebensfreude aus.

Übung

Am besten, du führst ein Dankbarkeitstagebuch und notierst dir darin alle Menschen, Situationen und Dinge, für die du dankbar bist, und ergänzt diese regelmäßig. Als Alternative kannst du jeden Abend fünf Dinge, Situationen und Menschen notieren, für die du an diesem Tag dankbar warst.

Geben und Nehmen

Es verbirgt sich dahinter ein Prinzip, welches alle Bereiche unseres Lebens massiv beeinflusst. All unsere beruflichen und privaten Beziehungen drücken sich in einem Austausch von Geben und Nehmen aus. Jede Beziehung besteht aus Geben und Annehmen. Geben ist das Gleiche wie Annehmen, denn beides sind nur verschiedene Aspekte des gleichen Energieflusses. Wenn jemand immer nur gibt, kommt es zu einem Ungleichgewicht und dies führt zur Trennung zwischen Menschen, denn schließlich will niemand immer der »Nehmer« sein. Und wer immer nur gibt, brennt aus. Wenn kein Ausgleich möglich ist, wenden wir uns ab. So retten sich die Geber oft vor dem Eingestehen der eigenen Bedürftigkeit. Ebenso erleben wir Menschen, die immer nur nehmen, oftmals als gierig und geizig. Auch in unserem beruflichen Alltag ist es wichtig, einen Ausgleich zu schaffen, denn es gibt Menschen, die wollen mit dem geringsten Widerstand das Beste für sich herausholen. Das kann langfristig nicht funktionieren. Die Anwendung des Gesetzes des Gebens ist im Prinzip einfach: Du darfst zuerst geben, was du erhalten möchtest. Ganz nach dem Motto: »Wer anderen eine Blume sät, blüht selbst auf.« Ein Geschenk, das von Herzen kommt, macht uns glücklich. Wenn du dir Freude wünschst, schenke anderen Freude, wenn du dir Anerkennung und Wertschätzung wünschst, solltest du dir diese zuerst geben, um diese dann anderen Menschen zu schenken. Wie fühlst du dich, wenn dir jemand etwas schenkt? Und wie geht es dir, wenn du jemanden beschenkst? Welche Position ist dir angenehmer? Wenn du zum Beispiel ein schönes Kompliment bekommst, fällt es dir leicht, dieses anzunehmen, oder ist es dir peinlich? In unserem Alltag sind Geben und Nehmen nicht immer vom Herzen gesteuert. Wenn wir ein Geschenk erhalten, fühlen wir uns verpflichtet, in irgendeiner Form etwas zurückgeben zu müssen. Und oftmals passiert es, dass du etwas »Negatives« erhältst, zum Beispiel eine Rüge, eine Gehaltskürzung, Kritik etc. Wie gehst du damit um und wie sieht hier dein Ausgleich aus? Hier gleichen sich Geben und Nehmen oft in dem Ansinnen aus, zu vergelten oder Rache zu nehmen. Die Welt ist voll davon, alles will heimgezahlt werden. Aber wohin führt uns das?

Im beruflichen Bereich Alltag bezieht sich das Geben und Nehmen natürlich auch auf unsere Leistung und auf unser Engagement. Wenn du jemand bist, der sein Bestes gibt und auch bereit ist, schwierige Aufgaben zu übernehmen und sich nicht davor scheut, Überstunden zu machen, wird sich dein Verhalten langfristig auf deinen Erfolg auswirken. Dein Chef wird merken, dass du morgens die Erste im Büro bist und abends die Letzte, die geht. Dein Engagement wird sich bemerkbar machen und die Wahrscheinlichkeit, dass du bei der nächsten Gehaltserhöhung dabei bist oder als Teamleiterin vorgeschlagen wirst, ist sehr hoch. Als Gegenbeispiel gibt es jene Mitarbeiter mit der Einstellung »Ich bin erst bereit, mehr zu leisten, wenn ich mehr bezahlt bekomme«. Diese Einstellung wird langfristig nicht zum Erfolg führen, denn aktuelle Studien bestätigen, dass erfolgreiche Menschen tendenziell eher »Gebermenschen« sind. Mein Erfolgstipp an dich lautet deshalb: Gib immer ein bisschen mehr, als man von dir erwartet. Das betrifft natürlich auch die Führungskräfte: Ein Chef, der für ein gutes Betriebsklima sorgt, der die Leistung seiner Mitarbeiter wertschätzt, indem er sie zum Beispiel zum Essen ausführt, sie mit einem Sonderbonus überrascht oder sie zu einer Incentive-Reise einlädt, wird im Gegenzug von seinen motivierten, engagierten Mitarbeitern mit einer überdurchschnittlichen Leistung belohnt.

Ich halte es auch für wichtig, andere Menschen am Erfolg teilhaben zu lassen und auch an jene Menschen zu denken, mit denen es das Leben nicht so gut gemeint hat. Ich setze für mich dieses Gesetz in meinem Leben um, indem ich mindestens zwei Vorträge pro Jahr für eine Hilfsorganisation halte und den Erlös eins zu eins zur Verfügung stelle. Anderen Menschen zu helfen hat eine positive Auswirkung auf unser Selbstwertgefühl. Denn wenn wir jemandem helfen, machen wir die Erfahrung, dass wir etwas bewegen können. Bei einer großen Flutkatastrophe genauso wie wenn wir uns für Obdachlose engagieren oder bei der älteren Dame in der Nachbarschaft den Rasen mähen. Der Helfer spürt, dass er wichtig und wertvoll ist, und das steigert sein Selbstwertgefühl. Wir bekommen Dankbarkeit und Anerkennung, wenn wir uns für andere Menschen engagieren. Und wie gut es sich anfühlt, ein aufrichtiges »Danke« zu bekommen, das weißt du bestimmt aus eigener Erfahrung. Wir spüren wieder die Verbundenheit zwischen uns Menschen. Ist das nicht etwas, was viele von uns vermissen?

MEIN DIAMANT FÜR DICH

Gib immer ein bisschen mehr, als man von dir erwartet.

Gib selbst immer so viel, wie du selbst forderst.

Gib immer mit Freude und aus vollem Herzen.

Lass andere an deinem Erfolg teilhaben.

Nimm immer so viel, wie du auch gibst.

VI. Mache dich zur Heldin deiner Geschichte

Wir sollten uns immer daran erinnern,
dass wir in Zeiten größter Schwierigkeiten
am meisten Weisheit
und innere Stärke gewinnen.

DALAI LAMA

Was haben unsere täglichen Konflikte mit unserer Vergangenheit zu tun?

Unser inneres Kind wartet auf Heilung. In jedem von uns lebt das kleine Kind, welches wir einst waren. Als Kinder haben wir fast alle schwierige Zeiten durchlebt, schmerzhafte Erfahrungen gemacht und viele von uns haben Traumata erfahren. Wir versuchen oft, diese schmerzvollen Zeiten zu vergessen, weil wir uns vor künftigem Leid und Schmerz bewahren und schützen wollen. Jedes Mal, wenn uns unsere Lebensumstände mit diesem Schmerz konfrontieren, glauben wir, es nicht ertragen zu können, und wir verbannen diese Gefühle und Erinnerungen in unser Unterbewusstsein. Viele haben es jahrzehntelang nicht gewagt, diesem verletzten Kind gegenüberzutreten, denn dieser Schritt erfordert sehr viel Mut. Mut und vor allem Mitgefühl mit dem kleinen Wesen, das wir einst waren. Doch nur weil wir es nicht wahrgenommen haben, heißt das nicht, dass es nicht da war, mit all seinem Schmerz, Trauer, Wut und Ohnmacht. Viele von uns haben dieses Kind meist aus Selbstschutz im Stich gelassen. Oftmals wollten wir diesen Schmerz vermeiden, indem wir vor diesem Kind in uns davongelaufen sind und es auf Abstand hielten. Doch der Schmerz des Kindes hört dadurch nicht auf. Das verletzte Kind bittet um Liebe und Aufmerksamkeit, doch wir tun das Gegenteil. Wir lenken uns noch mehr ab und laufen weiterhin weg, weil wir Angst haben, diesen Schmerz zu fühlen. Ständig lenken wir uns im Außen ab, mit Arbeit, Unterhaltung, Freizeit, Sport, Alkohol oder Drogen, weil wir diesen Schmerz nicht wieder fühlen wollen. Doch das verletzte Kind ist und will in seinem Schmerz wahrgenommen werden, es braucht Zuwendung, Liebe und Mitgefühl und macht sich in unseren Lebensumständen, Beziehungen, körperlichen Symptomen so lange bemerkbar, bis wir bereit sind, hinzuschauen und die Verletzung dieses kleinen Wesens bejahend zu fühlen und ihm Anerkennung und Geborgenheit schenken.

Lebensverläufe haben nichts mit Schicksal, Pech oder Glück zu tun, sondern unterliegen einer Ursache-Wirkung-Beziehung. Die größten Verursacher von mangelndem Erfolg, schmerzhaften Beziehungen, Leid und Krankheit sind unsere eigene Unbewusstheit, unser verurteilendes Denken uns und anderen gegenüber, unsere Verstrickungen mit der Vergangenheit wie Eltern, Geschwister, Expartner sowie das ständige Unterdrücken und Verdrängen unserer eigenen Gefühle wie Angst, Trauer, Wut, Ohnmacht, Scham, die darauf warten, von uns bewusst und bejahend durchfühlt und dadurch verwandelt zu werden.

Es ist erstaunlich, wie viele Menschen Jahre und Jahrzehnte gegen ihr Herz lebten. Es ist das Kind in uns, das meist Angst hat, auszuscheren aus dem eigenen Leben der Angepasstheit, und dafür sorgt, dass wir unser Herz verraten. Es hat Angst, allein dazustehen, ausgegrenzt und von seinen Mitmenschen verurteilt zu werden. Wir können unserem inneren Kind als Erwachsener all das schenken, was es sich in der Kindheit von anderen gewünscht hat. Unsere Eltern konnten nicht anders und gaben ihr Bestes. Erst wenn wir das wirklich verstehen, sind wir in der Lage, unsere Urteile zurückzunehmen und zu vergeben.

Alle Beziehungen, beruflich und privat, die wir als Erwachsene haben, stehen immer unter dem Einfluss dessen, was wir als Kinder gelernt oder gesehen haben. Halte inne und vergegenwärtige die Regeln über Beziehungen, die du als Kind aufgeschnappt hast. Waren die Eltern nah oder fern? Hast du Sicherheit und Urvertrauen kennengelernt? Hast du Liebe, Respekt, Wertschätzung und offene Kommunikation kennengelernt oder waren Streit, Strafe, Opferhaltung und Ungerechtigkeit vorherrschend? Was davon haben wir in unsere Beziehungen getragen? Erwarten wir vom Partner, dass er uns bemuttert, weil wir von unseren Eltern zu wenig Zuneigung bekamen? Sind wir auf der Suche nach einem »Elternersatz«, weil unsere Eltern emotional oder physisch abwesend waren? Verhalten wir uns dominant, weil das unsere Rolle als Kind war, oder haben wir das Gefühl, erdrückt zu werden?

Es ist wichtig, sich diese Fragen zu stellen, denn wir nehmen unsere unaufgearbeiteten Konflikte überall hin mit. Nicht nur in unsere privaten Beziehungen, sondern auch in unsere beruflichen. Nicht selten erlebe ich in meinen Trainings und Coachings, dass Firmenchefs die Elternrolle für ihre Mitarbeiter übernehmen. Das klappt langfristig nicht und führt zu einer Überforderung.

Wir sollten auch in diesem Lebensbereich die Glaubenssätze ins Gedächtnis rufen, von denen wir uns in Beziehungen leiten lassen. Wie wollen wir handeln und wie erwarten wir, selbst behandelt zu werden? Wir sollten eine Bestandsaufnahme machen von allem, was aus der Kindheit noch unaufgearbeitet ist. Hier können wir Antworten auf unsere offenen Fragen finden. Es liegt in unserer Entscheidung, uns von unseren Eltern in Frieden abzunabeln und uns als Erwachsener dem Kind in uns die Liebe, Vertrauen, Sicherheit und Geborgenheit zu schenken, nachdem es sich so sehr sehnt.

Es ist nie zu spät für eine glückliche Vergangenheit

Die Vergangenheit ist ein abgeschlossenes Kapitel und die Tür zum Gestern ist für immer zu. Jeder Gedanke über ein Warum, Wieso, Weshalb bringt dich nicht weiter und raubt dir nur deine wertvolle Energie. *Keine Macht kann beeinflussen, was einmal war. Entscheidend ist nur, wie du drauf reagierst und dass du annimmst, was nicht mehr zu ändern ist.* Um mit der Vergangenheit im Einklang zu sein, ist es wichtig, dass wir Menschen, die uns verletzt haben, vergeben. Die meisten von uns kennen das Gefühl, wenn uns jemand zutiefst verletzt, enttäuscht oder hintergangen hat. Immer wieder hören wir in Seminaren und lesen in zahlreichen Büchern, wie wichtig es ist, sich mit der Vergangenheit zu versöhnen und unseren Mitmenschen zu vergeben. Doch bevor wir uns mit Menschen versöhnen, ist es erst mal wichtig, dass wir unsere oft jahre- oder jahrzehntelang unterdrückten Emotionen wie Wut, Schmerz, Trauer, Angst und Ohnmacht ausdrücken dürfen. Und meistens geht es auch darum, uns selbst all die verurteilenden Gedanken und Glaubenssätze aus unserer Vergangenheit zu verzeihen. Solange wir uns nicht selbst lieben, können wir auch niemandem verzeihen. Mit jeder Vergebung in der Vergangenheit findet ein Neuanfang statt.

In meinen Trainings erlebe ich häufig, dass sich Klienten oftmals selbst großen Druck aufbauen, weil sie glauben, unbedingt vergeben zu *müssen*. Das lebt uns übrigens die »Scheinspiritualität« vor, in der wir alle Probleme in Liebe, Harmonie und Frieden und am besten durch die rosarote Brille lösen sollten. Zugegeben, das glaubte ich selbst auch sehr lange und als absoluter Harmoniemensch war es mir immer ein besonderes Anliegen, alle Konflikte in meinem Umfeld »harmonisch« zu lösen und ja niemand zu verletzen. Neben meiner Selbsterfahrung in der systemischen Ausbildung durfte ich eine der für mich heilsamsten Erfahrung bei der Transformationswoche bei Robert Betz machen. Als ich mir endlich gestattete, diese ungeliebten, unterdrückten Gefühle endlich auszudrücken. Sehr befreiend ist es, den Menschen aus unserem Umfeld wie Eltern, Geschwister, Expartner einen Brief zu schreiben, diesen jedoch nicht abzuschicken und dort alle Gefühle ohne Zurückhaltung niederzuschreiben. Das gilt auch für Menschen, die nicht mehr am Leben sind.

Es ist jetzt an der Zeit, die Maske abzunehmen. Viele tun nach außen hin so, als wären sie glücklich, und verdrängen den Schmerz. Wir verleugnen diesen Schmerz häufig, indem wir Masken aufsetzen. Wenn wir eine »glückliche Maske« aufsetzen, ist unser Lächeln auch gekünstelt, es handelt sich also um ein »Scheinglück«, das Menschen fühlen, wenn sie uns begegnen. Unsere Gefühle wollen bejahend gefühlt werden. Und wir dürfen es uns auch gestatten, diese zuzulassen. Viele von uns mussten emotionale Aspekte ihres Wesens abschotten, um zu »überleben«. Viele mussten sich für ihre Gefühle schämen oder wurden gemaßregelt, meist von Menschen, denen ebenfalls beigebracht wurde, die eigenen Gefühle zu unterdrücken. Es ist jetzt Zeit anzuerkennen, dass es gut für uns ist, die eigenen Gefühle zu akzeptieren. Unser emotionales Zentrum ist ein wertvoller Bereich unserer Persönlichkeit, der mit unserem körperlichen Wohlbefinden, unserem Denken und unserer Spiritualität eng in Verbindung steht.

Ziel dieser Übung ist es, sich alle Emotionen im wahrsten Sinne des Wortes von der Seele zu schreiben, solange Emotionen da sind. Deshalb können es auch mehrere Briefe sein. Ich empfehle, so lange Briefe zu schreiben, solange man das Bedürfnis dazu hat. Das Aufschreiben der Gefühle ist ein kraftvolles Tool zur Selbsterforschung und Selbsterkenntnis. Schreiben ist ein überaus heilsamer Dialog mit sich selbst und schafft Zugang zu unbewussten Bildern und verhilft zu mehr Klarheit. Es kann auch sein, dass man am Anfang mehrere Anläufe braucht, um in den »Schreibfluss« zu kommen, so war es zumindest bei mir. Ich musste es mir erst selbst erlauben, dass es in Ordnung ist, meinen Eltern einen Brief voller »Vorwürfe« zu schreiben, auch wenn diese nicht mehr am Leben sind. Die gute Nachricht dieser heilsamen Erfahrung ist, dass man irgendwann merkt, dass keine negativen Emotionen und Vorwürfe mehr vorhanden sind. Und dann geschieht etwas Besonderes: Plötzlich findet dieser tiefe, innerliche Vollzug statt und Vergeben und Versöhnen passiert wie von selbst. Ich kann das Gefühl schwer in Worte fassen, wenn man plötzlich nicht mehr nur mit dem Verstand vergibt, sondern mit dem Herzen. Ich glaubte nämlich immer, ich hatte bereits vergeben und bin mit meiner Geschichte versöhnt. Es stellt sich ein unsagbar tiefes Gefühl der Dankbarkeit für das Geschenk »Leben« ein, welches wir durch unsere Eltern erhalten duften. Eine große Demut und Respekt für die Geschichten und Schicksale unsere Ahnen und Vorfahren. So verwandeln wir unsere Wunden in Wunder.

Deshalb sind auch hier wieder eine gesunde Selbstliebe und Wertschätzung die Basis dafür, anderen zu verzeihen. Auf einmal wird alles ganz einfach. Beflügelt von der Energie der Selbstliebe, können wir auch jene miteinschließen, mit denen wir bisher noch im Konflikt waren. Wir müssen diese Personen nicht mehr verurteilen und beschuldigen.

Übung

Schreibe einen Brief an alle Menschen in deinem Umfeld beziehungsweise aus deiner Vergangenheit, mit
denen du noch nicht versöhnt bist. Schreibe alle Gefühle auf, die dich bis heute belasten. Verbrenne diesen Brief und mach ein Ritual daraus. Entweder du
übergibst ihn dem Wind, streust ihn ins Wasser oder
vergräbst ihn in der Erde. Lass deiner Kreativität dabei
freien Lauf.

Loslassen bringt Gelassenheit!

Loslassen ist ein emotionaler, mentaler und physischer Prozess, um die Dinge, an die wir uns so klammern, unserer
Bestimmung zu überlassen. Wir klammern uns nicht mehr
an Menschen, Ergebnisse, Gedanken, Wünsche, Bedürfnisse und Sehnsüchte. Loslassen wird dann besonders schwie-
rig, wenn wir uns mit etwas identifiziert haben oder der trü-
gerischen Ansicht sind, dass uns etwas gehört. Krampfhaf-
tes Festhalten kann uns daran hindern, das zu bekommen,
was wir uns wirklich wünschen. Oftmals hängt die Angst
loszulassen auch mit einem erhöhten Kontrollbedürfnis zusammen. Es ist nicht unsere Aufgabe, Menschen, Ergebnisse, Umstände oder das Leben zu kontrollieren. Angst vorm
Loslassen und Angst vor Veränderung hat immer mit einem
großen Mangel an Urvertrauen in das Leben zu tun. Tief in
uns glauben wir nicht daran, dass es das Leben immer gut
mit uns meint und das Beste für uns bereithält, weil wir das
Beste verdient haben. Dieses Urvertrauen wurde häufig bereits in der Kindheit erschüttert.

Ich gestehe, das Wort »loslassen« war für mich auch
lange Zeit ein Reizwort. Über viele Jahre litt ich an einer

chronischen Blasenentzündung, in akuten Fällen landete ich mit einer Nierenbeckenentzündung im Krankenhaus. Antibiotika waren an der Tagesordnung und meine chronischen Schmerzen trieben mich manchmal an den Rand der Verzweiflung. So pilgerte ich von einem Heilpraktiker zum nächsten und ließ in Anbetracht meines Leidensdruckes natürlich nichts unversucht, um meine Symptome ganzheitlich zu betrachten. Immer wieder bekam ich von zahlreichen Therapeuten zu hören, dass ich doch »nur loslassen sollte«. In Anbetracht meiner Lebensgeschichte, die quasi »loslassen« als Kernthema hatte, empfand ich diese Aussage immer als Provokation. Denn ich hatte bis zu diesem Zeitpunkt alles losgelassen, was mir in meinem Leben wichtig war. Meine lieben Eltern, die leider viel zu früh aus meinem Leben gingen, meinen Herzenswunsch, eine eigene Familie zu haben, meine geliebte Schwester, welche ich im Jahr 2014 durch einen Suizid verlor. Bis hin zu meinem letzten »sicheren« Langzeitjob, bevor ich meinen Schritt in die volle Selbstständigkeit wagte. Während ich dieses Buch schreibe, habe ich mein Haus verkauft und somit ließ ich auch damit die letzte Sicherheit im Außen los. In diesem Zusammenhang habe ich mich auch von vielen materiellen Dingen aus meiner Vergangenheit getrennt. Es ist äußerst befreiend, seinen Alltag und seinen Besitz zu entrümpeln und sich von überflüssigem Ballast zu trennen.

Obwohl auf meiner persönlichen Lebensreise die Gleise nicht immer auf umweglos gestellt waren, habe ich gelernt, dankbar zu sein für meine Erfahrungen, auch die schmerzhaften, denn sie haben mich zu dem Menschen gemacht, der ich heute bin, und an den Ort geführt, an dem ich heute stehe. Ich habe gelernt zu akzeptieren, ohne Schuld, Wut und Vorwurf. Ich habe Frieden mit mir und der Vergangenheit geschlossen und habe demütig gemerkt, dass darin meine Lebensaufgabe liegt und ich meine durchlebten Erfahrungen an andere Menschen in meinen Seminaren und

Coachings weitergeben darf, um somit andere Menschen in ihrer persönlichen Weiterentwicklung zu unterstützen. Man bekommt ein fehlendes Puzzleteil für sein Bild und plötzlich ergibt alles einen Sinn. Ich habe meine Stolpersteine in Diamanten verwandelt und aus Wunden wurden Wunder. Und genau diese Erfahrung gebe ich weiter. Jeder hat seine eigene, einzigartige Geschichte. Jeder hat das Potenzial in sich, ein Meisterwerk aus seinem Leben zu machen. Jeder ist ein Diamant. Manchmal muss er nur noch geschliffen werden.

Im Loslassen liegt eine magische Kraft und meistens ist das Ergebnis besser, als wir es erwarten. Loslassen wirkt befreiend und schafft ein Klima für bestmögliche Ergebnisse und Lösungen. Manche Menschen haben eine Menge an Dingen gesammelt, die sie gar nicht brauchen, und trotzdem haben sie Angst, diese zu verlieren. Es ist wichtig zu verstehen, dass wir nichts festhalten können, das gilt für alle Lebensbereiche vom Partner, Erfolg, Freunde bis hin zum Geld. Wenn wir etwas oder jemanden um jeden Preis festhalten wollen, sind wir zu sehr darauf fixiert und blockieren den Lebensfluss. Vertraue darauf, dass alles, was zu dir gehört, auch bleiben wird. Und wenn etwas nicht dazugehört, wird es auch wieder aus deinem Leben verschwinden, auch wenn du noch so krampfhaft festhältst. Festhalten blockiert den Lebensfluss. Übe dich deshalb im Loslassen und befreie dich von Menschen, Dingen, Situationen, Speisen, Gewohnheiten, Glaubenssätzen und allem, was dir nicht guttut und dich immer wieder runterzieht. Egal, was du ziehen lässt, etwas Besseres wird nachkommen. Dieser Prozess erfordert sehr viel Vertrauen und den Glauben daran, dass das Leben immer das Beste für uns bereithält. Wer loslassen kann, beweist, dass er Vertrauen in den Lauf des Lebens hat.

Loslassen heißt, dass man, um etwas zu erreichen, jegliche Bindung daran aufgeben muss. Das bedeutet aber nicht, dass man seine Absicht aufgibt, einen Wunsch zu realisieren. Man gibt aber seine Bindung an das Ergebnis auf und nimmt Abstand ein. Ohne loszulassen, sind wir Gefangene unserer eigenen Hilflosigkeit. In der Unsicherheit finden wir die Freiheit, alles zu erschaffen, was wir wollen. *Unsicherheit bringt Freiheit und Schöpfungskraft. Die Suche nach Sicherheit hingegen ist eine Bindung an das Bekannte – und das Bekannte ist unsere Vergangenheit.* Wenn man die Bindung ans Bekannte aufgibt und sich ins Unbekannte begibt, dann betritt man das Feld aller Möglichkeiten.

Im Einklang mit der Vergangenheit

An der Vergangenheit festzuhalten, durch Schuldgefühle, Angst, Sehnsucht, Verdrängung, ist eine Vergeudung wertvoller Lebensenergie, die dafür verwendet werden kann, das Heute und das Morgen anders zu gestalten. Wenn wir immer im Bann der Erinnerungen stehen, machen wir permanent die Vergangenheit zur Gegenwart, es darf irgendwann vorbei sein. Ganz egal, ob es schöne oder schmerzhafte Erinnerungen sind, sie fesseln uns an den Menschen, der wir einmal waren. Und sie verhindern, dass wir die Gegenwart rein und direkt wahrnehmen, in ihrer ganzen Schönheit und ihrem Zauber. Erinnerungen sind wie Filter, die sich über die Gegenwart legen, sie ziehen uns energetisch in die Vergangenheit und blockieren unsere Wahrnehmung für das, was im Jetzt geschieht.

Wir sind keine Opfer unserer Vergangenheit, doch tief in uns sind wir manchmal noch von dieser Vorstellung geprägt. Das Gefühl, unglücklich und hilflos zu sein, ist für viele zur Gewohnheit geworden. Diese Opferrolle haftet an uns wie ein Mantel aus Blei. Dadurch ziehen wir gemäß dem Gesetz der Resonanz noch mehr von dem an, was uns zu Opfern macht. Das Opfergefühl wird somit zum Dauerzustand, das kann so weit gehen, dass wir uns auch dann, wenn wir Erfreuliches erleben, als Opfer fühlen. Menschen, die sich in so einer Opferrolle befinden, ist diese Grundhaltung meistens nicht bewusst. Sie finden in jedem positiven Erlebnis etwas Negatives. Bei einer Klientin fiel mir das ganz besonders auf. Sie erzählte mir, dass sie mit der Familie in den Urlaub nach Kroatien fährt. Begeistert wünschte ich ihr einen schönen Urlaub, worauf sie mir aufgeregt antwortete: »Ich mag gar nicht daran denken, es wird bestimmt wieder ein Horror, im Stau zu stehen.« Im weiteren Gespräch wollte ich ihre Aufmerksamkeit auf ihre harmonische Familie und ihre wunderbaren Töchter lenken, woraufhin sie mir seufzend entgegnete: »Die zwei kosten mich aber auch meine ganze Kraft!« Zudem hatte sie einen großartigen Job in einer Führungsposition, den sie als Belastung empfand, und meinte, dass es beruflich auch schon mal besser lief. Sie hatte sicher in einigen Punkten recht, doch sobald der Fokus nur noch darauf gerichtet ist, was im Leben nicht funktioniert, und wir immer durch die »graue Brille« schauen, werden wir auch all unsere Lebensumstände mit einem »grauen Schleier« wahrnehmen. Energie folgt der Aufmerksamkeit. Alles, worauf du deine Aufmerksamkeit lenkst, wird mehr.

Paradoxerweise gehören »akzeptieren« und »loslassen« unmittelbar zusammen. Denn bevor ich etwas loslassen kann, sollte ich die Situation annehmen und akzeptieren. Eine innere Abwehrhaltung bringt uns nicht weiter, im Gegenteil, sie bindet uns an die ungewünschte Situation. »Akzeptieren und loslassen« ist die Zauberformel, die Veränderung ermöglicht und Wachstum und Fortschritt bringt. Sie richtet das Licht positiver Energie auf alles, was wir haben und was wir sind. Machen wir uns die Natur zum Vorbild: Der Baum lässt seine Blätter im Herbst los, in dem Urvertrauen, dass im Frühling wieder neue, saftige nachkommen werden.

VII. Entwicklung findet außerhalb der Komfortzone statt

Man muss den ganzen Menschen
der einen, ureinzigen Sache widmen.
Das ist der sicherste Weg,
wie etwas werden kann und wird.

PAULA MODERSOHN-BECKER

Die lähmende Macht der Gewohnheit

Unser Alltag ist meist geprägt von vertrauten, berechenbaren Abläufen, Routinen und Gewohnheiten. Wir gehen unseren gewohnten Pflichten nach, spulen jeden Tag aufs Neue unsere vertrauten Rituale ab. Die alltäglichen Handlungen sind uns vertraut, das beginnt mit dem Frühstück, dem Weg zur Arbeit und dem Job. Bei vielen Menschen verläuft das tägliche Leben meist ohne Überraschungen, so sieht die klassische Komfortzone aus. Grundsätzlich handelt es sich dabei um Dinge und Situationen, die uns vertraut sind und auch ein bestimmtes Maß an Sicherheit im Alltag geben. Rituale und vertraute Abläufe brauchen wir. Ein Zuviel an Sicherheit wirkt jedoch lähmend und macht uns träge. Denn wer sich nur auf bekanntem Terrain bewegt, erlebt selten eine persönliche Weiterentwicklung. Wer sich immer nur im gewohnten Rahmen, in seiner eigenen Box bewegt und Veränderungen verhindert, entwickelt sich nicht weiter und bleibt letztendlich in einer Sackgasse stecken. Zugegeben, in der Komfortzone ist es recht gemütlich, das ist auch der Grund, warum viele sie so ungern verlassen. Deshalb wird sie auch häufig Wohlfühlzone genannt. Diese Erkenntnis ist unbequem und wird von vielen nicht gern gehört: Wer erfolgreich und glücklich sein will, muss deshalb regelmäßig seine Komfortzone verlassen. Denn das Leben ist Entwicklung, nicht Stillstand und diese Entwicklung findet immer außerhalb statt. Die gute Nachricht ist: Der Schritt raus aus der Routine gelingt schon durch kleine Veränderungen im Alltag. Jeder kann seine Komfortzone verlassen, man muss nur wollen.

Die Hauptgründe, warum wir in der Komfortzone stecken bleiben, haben allesamt mit Angst zu tun. Angst davor zu scheitern, Angst vor Kritik, vor Veränderung und Angst vor Anstrengung und neuen Herausforderungen.

1. *Angst vorm Scheitern und Kritik:* Die Angst zu scheitern beziehungsweise Fehler zu machen ist eines der größten Hindernisse, das wir in unserem Leben zu überwinden haben, sind wir doch in unserer leistungsorientierten Gesellschaft permanent damit konfrontiert, perfekt sein zu müssen. Wenn es jemand geschafft hat und in seinem Leben etwas erreicht, sein Wissen und seine Fähigkeiten unter Beweis gestellt oder sich eine bestimmte Position erarbeitet hat, dann genießt er den Respekt und die Anerkennung seines Umfeldes. In einem neuen Job müssen wir uns erst wieder neu beweisen und sind der Beurteilung anderer, die bereits weiter sind oder es besser können als wir, ausgesetzt. Das kann für viele eine große Herausforderung bedeuten.

2. *Angst vor Veränderung:* Die Angst vor Veränderung zählt neben Existenzängsten zu den größten Ängsten in unserer Gesellschaft. Insbesondere berufliche Veränderungen verursachen diese Angst, da viele mit der Veränderung gleichzeitig etwas Negatives assoziieren. Sie sehen vielmehr die Risiken als die Chancen. Innerhalb der Komfortzone müssen sie sich dieser Angst nicht stellen und lassen dadurch auch viele Chancen ungenutzt.

3. *Angst vor Anstrengung und Herausforderung:* Die meisten haben es sich in der Komfortzone gemütlich gemacht und tun nur so viel, wie sie gerade müssen. Die Betroffenen brauchen sich nicht mehr groß anzustrengen, sie kennen die vertrauten Abläufe, alles ist vorhersehbar. Diese Zone zu verlassen bedeutet, sich mehr anstrengen und sich neuen Herausforderungen stellen zu müssen. Und genau das wollen viele vermeiden. Denn sie müssten Neues lernen und wieder von vorne beginnen.

Tschüss, Gewohnheitstier!

Keine Frage, es lohnt sich, die Komfortzone zu verlassen. Bei manchen ist sie größer, bei anderen kleiner. Du kannst sie dir nicht von heute auf morgen »wegwünschen«, du musst sie erst einmal erkennen und akzeptieren, dass es einen Lebensbereich gibt, der dir vertraut ist und dir Sicherheit gibt. Finde parallel dazu heraus, wo deine Grenzen liegen. Welche Ängste und Widerstände tauchen beim Gedanken an den Schritt aus deiner Komfortzone auf? Angst um deine finanzielle Sicherheit? Angst vor Veränderung, Zurückweisung durch Menschen, die dir am Herzen liegen oder etwas ganz anderes?

Überfordere dich nicht und finde dein eigenes Tempo. Du musst nicht von heute auf morgen dein ganzes Leben verändern. Aus deiner Komfortzone kannst du langsam ausbrechen, indem du nach und nach deinen Handlungsspielraum erweiterst. Nimm dir kleine Schritte der Veränderung vor, welche realistisch sind. Als ich mich 2012 entschieden habe, meine Trainings auch auf selbstständiger Basis anzubieten, habe ich Schritt für Schritt mein Dienstverhältnis jährlich reduziert. Damit war ich finanziell weiterhin abgesichert und konnte mir meine Selbstständigkeit in einem für mich gesunden Tempo aufbauen, ohne dass mich dabei existenzielle Ängste quälten.

Jede neue Erfahrung erweitert deine Persönlichkeit. Du nimmst eine Hürde und tust etwas völlig Neues, wie zum Beispiel einen Vortrag halten oder allein zu verreisen. Das reicht manchmal bereits, um dich aus der Komfortzone zu holen. Du kannst das aber noch steigern, indem du diesen Schritt öfters wiederholst, dann stellt sich irgendwann Routine ein. Aus dem unbekannten Terrain wird ein Gebiet, das du bereits einmal betreten hast, und du weißt: Dort passiert mir nichts, dort bin ich sicher. Das erweitert deine Komfortzone und du kannst dich auf dein nächstes Ziel konzentrieren.

Male dir das »Worst-Case-Szenario« aus: Das ausgemalte Schreckensszenario soll dir nicht den Mut nehmen, sondern aufzeigen, was im schlimmsten Fall passieren könnte. Bei meinem ersten Auftritt vor einem größeren Auditorium, es waren damals rund 250 Personen, stieg mein Puls bereits in der Vorbereitung in eine für mich unangenehme Höhe. Ich machte alle meine mentalen Vorbereitungen inklusive Atemübungen, doch die enorme Anspannung wollte nicht weichen. Bis ich irgendwann erkannte, dass es die Angst davor war, auf der Bühne ein »Blackout« oder klassisch einen »Hänger« zu haben. Ich beschäftigte mich mit dieser Angst und dachte, na und wenn, dann dreht sich die Welt weiter und schlimmsten falls mache ich einen Witz oder spreche einfach »irgendetwas« weiter. Die Situation wird in keinem Fall lebensbedrohlich für mich sein. Das Spannende an diesem Prozess ist, sobald du dich dieser Angst stellst, verschwindet sie. Erlaube dir zu scheitern, das nimmt dir den Druck: Ein gesunder Umgang mit Krisen und Niederlagen schafft eine gute Grundlage, um außerhalb der Komfortzone zu bestehen. Denn dort kann es schon mal ungemütlich werden, es weht ein rauer Wind, vielleicht musst du auch umkehren oder dein Vorhaben ganz abbrechen. Lass dich jedoch auf keinen Fall von der Möglichkeit einer Niederlage von deinem Ziel abhalten.

Nun möchte ich dir noch ein paar Ideen mit auf den Weg geben, wo du im Alltag deine Komfortzone verlassen kannst:

- *Ändere deinen morgendlichen Ablauf.* Beginne deinen Tag mit einem Ritual, wie zum Bespiel Sport, Yoga, Atemübungen. Wähle einen bewussten Start in den Tag. Wähle ab morgen ein anderes Getränk, zum Beispiel Tee anstelle von Kaffee oder Müsli anstelle von Honig- oder Marmeladenbrot. Nimm einen anderen Weg zur Arbeit. Schon kleine Veränderungen können ein enormes Kreativitätspotenzial freisetzen.

- *Eine halbe Stunde früher aufstehen.* Stelle den Wecker täglich eine halbe Stunde früher und nutze die Zeit für einen bewussten Start in den Tag. Du kannst während dieser Zeit dein Morgenritual (Meditation, Yoga, Sport) durchführen. Es erfordert Disziplin und Durchhaltevermögen, allerdings hast du damit deine Komfortzone auch schon verlassen. Lobe dich dabei selbst für deine Konsequenz und Disziplin.

- *Wähle einen neuen Kleidungsstil.* Grundsätzlich hat jeder seinen eigenen typgerechten Stil und es geht nicht darum, deinen Kleidungsstil vollkommen zu verändern. Dennoch können hier kleine Veränderungen wahrlich Großes bewirken. Sei mutig und probiere einfach mal einen neuen Look oder eine neue Farbe aus.

- *Suche dir ein neues Hobby.* In unserer Freizeit können wir kreativ sein und je nach persönlichen Vorlieben die

Komfortzone verlassen. Ab sofort gibt es keine Ausreden mehr. Du kannst mit einer neuen Sportart beginnen, ein Musikinstrument lernen oder einem passenden Verein beitreten und dich hier zum Beispiel sozial engagieren.

- *Meide die Meinung von negativen Menschen.* Mache dich unabhängig von der Meinung anderer Menschen. Denn diese wollen dich häufig nur verunsichern, weil sie selbst nicht den Mut haben, die eigene Komfortzone zu verlassen. Leider gibt es viel mehr »Angstmacher« als »Mutmacher«, die uns in unseren Entscheidungen verunsichern möchten. Umgebe dich deshalb nur mit Menschen, die deine neuen Vorhaben und Projekte unterstützen.

- *Beginne eine neue Ausbildung.* Wofür interessierst du dich schon lange? Wo haben dir bislang der Mut und die Energie gefehlt, damit zu starten? Beginne eine neue Ausbildung oder lerne eine neue Sprache. Aller Anfang ist schwer und auch beim Verlassen der Komfortzone ist das nicht anders, es erfordert Mut und Disziplin. Doch Mut wird immer belohnt. Es geht vor allem darum, Aktivitäten zu wählen, die für dich neu und ungewohnt sind. Somit schaffst du einen Raum für Kreativität, es eröffnen sich neue Perspektiven und unsere Persönlichkeit kann wachsen.

- *Schreibe eine Liste mit motivierenden Zielen.* Hast du alle deine Wünsche und Ziele schriftlich festgehalten? Dabei geht es nicht nur um berufliche Pläne, sondern auch um ganz persönliche Dinge, die du dir für dein Leben vorgenommen hast. Eine solche Liste mit motivierenden Zielen kann ein großer Ansporn sein, die Komfortzone zu verlassen, denn das ist die Voraussetzung dafür, dass wir unsere Ziele erreichen. Diese Erkenntnis kann auch ein großer Ansporn sein, um in zehn, zwanzig oder fünfzig Jahren nicht reumütig zurückzublicken und zu sagen:»Hätte ich doch damals den Mut gehabt zu handeln.«

Im Folgenden habe ich für dich die Top-Ten-Versäumnisse der Österreicher zusammengefasst. Das Meinungsforschungsinstitut IMAS wollte wissen, welchen verpassten Chancen die Österreicher nachtrauern, und hat ein aktuelles »Reueregister« erstellt. Zwei Dinge bereuen die Österreicher besonders: keine Fremdsprachen gelernt und die eigenen Träume nicht gelebt zu haben. Auf den ersten Plätzen des »Reueregisters« finden sich vor allem Dinge, die nicht gemacht wurden, und weniger Taten, die man gerne rückgängig machen würde.

1. Keine Fremdsprachen gelernt zu haben.
2. Die eigenen Träume nicht verfolgt zu haben.
3. In der Schulzeit nicht alles gegeben zu haben.
4. Sich zu viele Sorgen gemacht zu haben.
5. Nicht verreist zu sein, als man die Möglichkeit dazu hatte.
6. Die falsche Partnerwahl getroffen zu haben.
7. Nicht den Mut gehabt zu haben, seine Gefühle auszudrücken.
8. Zu wenig an sich selbst geglaubt zu haben.
9. Nicht auf den Rat der Eltern gehört zu haben.
10. Geheiratet zu haben.

Auf der Liste außerdem zu finden: Reue über ein zu hohes Arbeitspensum und Ärger darüber, nicht das Leben gelebt zu haben, das man eigentlich wollte (Quelle: IMAS®-Report 11/16). Habe deshalb den Mut, eingefahrene Gleise zu verlassen und neue Wege zu gehen. Gib deinem Leben eine neue Richtung und lasse deinen Ideen und Träumen Taten folgen, damit du am Ende deiner Tage nichts bereust.

Wie funktionieren Gewohnheiten

Gewohnheiten werden dadurch gebildet, dass du etwas tust, was anschließend in bestimmten Bereichen deines Gehirns gespeichert wird. Wenn wir diese Handlung oder das Verhalten permanent wiederholen, verstärkt sich dieser Bereich im Gehirn, die betroffenen Nervenzellen verbinden sich immer stärker und unser Verhalten »wird zur Gewohnheit«. Wenn wir den Wiederholungsknopf in den Neuronennetzen immer wieder drücken, dann werden die Gewohnheiten im Gehirn zunehmend fest miteinander verschaltet und sind nur noch schwer zu ändern. Das ist der Grund dafür, warum es uns manchmal schwerfällt, ein ungewünschtes Verhaltensmuster zu ändern. Wenn du zum ersten Mal etwas tust, dann muss dein Gehirn mühevoll eine neuronale Verbindung zwischen den Nervenzellen schaffen. Die Gehirnforschung geht davon aus, dass es 30 Tage dauert, bis wir eine neue Gewohnheit in unserem Gehirn programmiert haben.

Erinnerst du dich an deine ersten Stunden in der Fahrschule? Wie mühsam es war, sich alles gleichzeitig zu merken? Kuppeln, schalten, »Spiegel-Spiegel-Schulter-Blick«, Verkehrszeichen beachten – wir waren unter höchster Anspannung. Durch permanente Wiederholung automatisieren sich die Abläufe und sind wie ein Programm auf unserer Festplatte in unserem Unterbewusstsein gespeichert. Heute denken wir nicht einmal mehr nach, wenn wir ins Auto einsteigen, richtig? Und manchmal passiert es mir, dass meine Gedanken während einer Autofahrt so abschweifen, dass ich nicht »bewusst« mitbekomme, was auf den letzten 100 Kilometern tatsächlich passiert ist. Natürlich bin ich konzentriert gefahren, mein Autopilot »Unterbewusstsein« hat jedoch übernommen. Wir haben unsere Programme und Gewohnheiten so verinnerlicht, dass diese nach einiger Zeit nicht mehr zu stoppen sind und eine gewisse Eigendynamik besitzen.

Wenn wir unsere Ziele und Wünsche konsequent verfolgen möchten, haben wir in der Regel einen Feind in uns: den

»inneren Schweinehund«. Dieser hat es sich in seiner Komfortzone gemütlich gemacht und möchte sie auch nur ungern verlassen. Erfolg oder Misserfolg ist deshalb kein Schicksal, Glück oder Zufall, sondern die Summe unseres Denkens, Fühlens und Handelns, welches durch unsere Gewohnheiten geprägt ist. Erfolgreiche Menschen besitzen einfach mehr positive Gewohnheiten als erfolglose. Um mehr Erfolg anzuziehen, ist es also unbedingt erforderlich, die eigenen Grenzen zu überwinden und negative Gewohnheiten durch positive zu ersetzen. Dies ist jedoch ein Prozess und geschieht nicht über Nacht. Es erfordert Konsequenz, Disziplin und Ausdauer. Doch dranbleiben lohnt sich!

Wenn du zum Beispiel beschließt, ab sofort mehr Sport zu machen, und dir vornimmst, jeden Morgen 30 Minuten zu laufen, so wird dich das am Anfang relativ viel Überwindung kosten. Wenn du jedoch durchhältst und jeden Morgen 30 Minuten läufst, dann wird dir der Körper am 31. Tag signalisieren, dass ihm etwas fehlt. Wenn du dir zum Beispiel 30 Tage lang deine Selbstwert-Affirmationen vor dem Spiegel laut aufsagst, dann haben sich die neuen Erkenntnisse tief in deinem Unterbewusstsein verankert und du so ein neues »Selbstwert-Programm« in dir installiert. Solltest du an einem Tag deine Affirmationen vergessen, dann hat dein »innerer Schweinehund« wieder gesiegt und du darfst wieder ganz von vorne beginnen. Das ist übrigens auch der Grund, warum viele Neujahrsvorsätze meist nur drei Tage lang anhalten. Es erfordert also Disziplin, Konsequenz und Ausdauer, um auch dranzubleiben. Je öfter du deine Glaubenssätze oder deine Erkenntnisse wiederholst, desto mehr werden diese Teile deines Lebens. Ebenso verhält es sich mit deinen Handlungen. Du wirst auch nach einem Monat regelmäßigem Sport noch nicht »süchtig« danach. Wenn du jedoch über einen Zeitraum von sechs Monaten konsequent bist, hast du eine neue Gewohnheit etabliert. Der erste Schritt ist der schwerste. Wenn du etwas Unangenehmes oder Anstrengendes vor dir hast, ist der erste Schritt immer der schwerste. Dir fallen bestimmt tausend Gründe ein, weshalb du gerade jetzt nicht anfangen kannst. In dieser Phase des Abwägens bist du noch nicht fest entschlossen, aktiv zu werden. Der »innere Schweinehund« versucht dich davon zu überzeugen, dass es in der Komfortzone doch gemütlicher ist. Gerade jetzt braucht es die nötige Portion Selbstdisziplin und Motivation, um dich ins Handeln zu bringen.

Wichtig! Es dauert 30 Tage, bis sich eine Gewohnheit beginnt zu bilden, und sechs Monate, bis es eine Gewohnheit ist!

Die folgenden Punkte helfen dir dabei, neue Gewohnheiten ganz leicht in deinem Leben zu integrieren:

- Ich erkenne meine Gewohnheit an und akzeptiere sie.
- Ich sollte wissen, was ich will.
- Ich schreibe den gewünschten, neuen Zustand/Situation auf.
- Ich handle danach.
- Ich reflektiere ständig, ob ich noch dran bin. Konsequenz und Disziplin sind gefragt.

Erfolg ist eine Treppe. Keine Tür

Was unterscheidet erfolgreiche Menschen von erfolglosen? Diese Frage wird mir immer wieder gestellt und in Wahrheit ist das Erfolgsrezept viel einfacher als gedacht. Erfolgreiche Menschen beschäftigen sich in erster Linie mit den Konsequenzen ihres Handelns. Sie fokussieren sich auf das, was ihnen ihre Bemühungen einbringen werden. Erfolglose Menschen hingegen konzentrieren sich darauf, bequem durch den Tag zu kommen. Sie überlegen nicht, was und wie viel sie diese Bequemlichkeit kostet.

Viele von uns begehen den Fehler, ihre Zeit und Energie nebensächlichen Angelegenheiten zu widmen, anstatt sich auf ein paar wenige, dafür aber lebenswichtige Aufgaben zu konzentrieren. »Wer viel tut, leistet auch viel.« Das ist häufig ein Irrglaube. Der italienische Wissenschaftler Vilfredo Pareto hat herausgefunden, dass es zum Teil nur 20 *Prozent* der strategisch richtig eingesetzten Aktivitäten sind, die stolze 80 Prozent des Erfolges bewirken.

Was bedeutet das nun für dich? Bevor du deine Energie wahllos in irgendwelche Erledigungen steckst, überlege dir lieber, welche Schlüsselaktivitäten du durchführen kannst und möchtest. Welche 20 Prozent an Aktivitäten könnten 80 Prozent deines Erfolges ermöglichen? Und wenn du diese 20 Prozent kennst, dann versprich dir selbst, den Fokus nicht zu verlieren und dranzubleiben. Die 80/20-Regel bestimmt schließlich auch das Verhältnis zwischen Erfolg und Aufwand. Dazu einige Beispiele: 80 Prozent deines Erfolgs resultieren aus 20 Prozent deiner Bemühungen. 80 Prozent des Gewinns kommen von 20 Prozent der Kunden. 80 Prozent des Profits werden von 20 Prozent der Produkte erzielt.

Wenn man seine wichtigen Erfolgsauslöser bestimmt hat beziehungsweise diese kennt, geht es nur noch um die Ausführung. Zugegeben, das ist nicht immer leicht. Dennoch absolut notwendig. Konzentriere dich auf das Wesentliche und bleibe dran, so kannst du alles erreichen, was du dir erträumst. Vor allem geht es auf dem Weg zum Erfolg darum, Wankelmut, Zweifel und Trägheit erst gar nicht erst aufkommen zu lassen. Disziplin an den Tag zu legen ist gar nicht so schwer wie gedacht. Wenn du merkst, dass du demotiviert bist und einem mentalen Tiefpunkt entgegensteuerst, dann tu einfach so, als ob du in Sachen Disziplin unschlagbar wärst. Bring dich wieder in einen begeisterten Zustand und sage dir immer wieder, dass du motiviert und diszipliniert bist. Genauso verhältst du dich dann auch. Das trainierst du so lange, bis dein Unterbewusstsein die-

ses Muster als natürliches Verhalten angenommen und abgespeichert hat.

Um Erfolg zu haben, ist es wichtig, dass wir unsere
Emotionen, vor allem die negativen, im Griff haben. Hier
heißt es: Vorsicht vor der Bequemlichkeitsfalle! Erfolgreiche Menschen richten ihre Zeit und Konzentration auf jene
Dinge, die ihr Leben nachhaltig beeinflussen. Sie nehmen
sich ein oder zwei wichtige Dinge vor und bleiben dran, bis
diese abgeschlossen sind. Das bringt Erfolg und es fühlt sich
jedes Mal aufs Neue gut an, den inneren Schweinehund be-
siegt zu haben.

Arbeite an deiner Disziplin und dein Leben verändert
sich. Du wirst immer selbstbewusster und zufriedener. Vor
allem aber wird dir bewusst werden, dass du selbst über dich
bestimmen kannst und nichts und niemand dich von deinem
Ziel und deinem Erfolg abhalten kann.

Was passiert, wenn du die Komfortzone verlässt:
- Es eröffnen sich völlig neue Chancen.
- Du machst neue Erfahrungen.
- Du überwindest (unbegründete) Ängste.
- Du wirst spontaner und hast dadurch mehr Lebensfreude.
- Du trainierst deine Stärken.
- Du stellst fest, was noch alles in dir steckt.
- Du entdeckst neue Seiten an dir.
- Du hörst auf, »Mittelmäßigkeit« zu akzeptieren.
- Du stellst fest: »Träume können Realität werden.«
- Du hast die Macht, dein Leben dauerhaft zu verändern.

Hast du dich für einen Weg entschieden, dann geh ihn bis
zum Ende. Verschreibe dich mit Haut und Haaren dem, was
du dir vorgenommen hast. Erfolg will Mut sehen! Gut möglich, dass du zwischendurch stolperst oder hinfällst. Wenn
es ungemütlich wird, hilft ein Mittel: Augen zu und durch.
Ein bisschen Risiko darf schon sein und auch Rückschläge
sind erlaubt. Entscheidend ist, wie du damit umgehst. Wirst

du an ihnen zerbrechen oder wirst du sie in eine konstruktive Lernerfahrung verwandeln? Du hast immer drei Möglichkeiten im Leben zur Auswahl: aufgeben, nachgeben oder alles geben!

Die Macht deiner Entscheidung

Wenn du Großes erreichen willst, musst du es erst einmal für dich beanspruchen. In erster Linie musst du es dir erlauben, groß zu denken. Doch vom Denken allein wird man noch lange nicht erfolgreich. Der zweite wichtige Schritt lautet demzufolge: »Triff eine machtvolle Entscheidung und komme ins Handeln.« Du musst die großen Siege in dein Leben holen und sie zum Teil deiner Welt machen. Erfolg ist für viele immer nur etwas, das »außerhalb« ihrer vorstellbaren, kleinen Welt passiert. Wage den Blick hinter die Kulissen erfolgreicher Menschen und du wirst sehen, es ist immer die Summe vieler kleiner »Erfolgsschritte«. Es ist kein Glücksfall, sondern die Summe von Disziplin und Begeisterung für eine Sache in Kombination mit guten Strategien. Das Geniale daran ist, jeder kann diese Strategien anwenden und wie bei so vielem im Leben ist es eigentlich sehr einfach: Du musst nur eine machtvolle Entscheidung treffen und es durchziehen, *bis zum Ende*. Es ist dabei egal, ob du mehr Gesundheit, eine erfolgreiche Karriere oder einfach nur mehr Selbstvertrauen haben möchtest. Das Prinzip ist immer dasselbe und lautet wie folgt:

- Das Ziel kennen und schriftlich festhalten
- Daran glauben
- Danach handeln
- Feedback einholen und gegebenenfalls Richtung ändern
- Konsequenz und Disziplin

Erinnere dich daran, welche Erwartungen du vor zehn Jahren an das Heute hattest. Was waren damals deine Ziele und welche davon hast du erreicht? Was davon hast du umgesetzt? Und wie sollen deine nächsten zehn, zwanzig oder fünfzig Jahre aussehen? Deine Erfolgsreise beginnt mit einer machtvollen, verbindlichen Entscheidung. Denn nur vom Wünschen allein ist noch niemand erfolgreicher oder glücklicher geworden. Sehr häufig höre ich in meinen Seminaren Aussagen wie »Ich würde gerne …«, »Ich sollte eigentlich …« oder »Ich werde es versuchen …« Hinter all diesen Aussagen spürt man jedoch keine Entschlusskraft. Wenn man etwas »nur versucht«, kann man es gleich bleiben lassen. Ich möchte nicht zu streng mit dir sein. Doch spüre selbst hinein, wie viel Kraft hinter einer solchen Aussage steckt. Eine klare, verbindliche Entscheidung hingegen ist immer ein Versprechen dir selbst gegenüber. Es gibt keinen Rückzug und keinen Plan B. Du bleibst deinem Ziel und deinem Weg treu, bis du es erreicht hast. So schafft man Resultate und erreicht seine Ziele. Leider fehlt vielen Menschen genau diese Entscheidungskraft. Warum das so ist? Weil viele Menschen häufig gar nicht wissen, was sie überhaupt wollen. Sie wissen oftmals nicht einmal, was sie zum Mittagessen bestellen sollen. Sie haben verlernt, bewusste Entscheidungen zu treffen. An dieser Stelle möchte ich das Wort »bewusst« betonen. Bewusste Entscheidungen zu treffen setzt »Bewusstheit« und Klarheit voraus. Viele sind aufgrund ihrer »Unbewusstheit« nicht in der Lage, klare, kraftvolle Entscheidungen zu treffen. Die gute Nachricht: Jeder kann diese Fähigkeit trainieren.

Ich persönlich habe in meinem Leben schon viele richtungsweisende Entscheidungen getroffen, die den Verlauf meines Lebens maßgeblich beeinflusst haben. Ein Meilenstein davon war 2017 – der Schritt in meine volle Selbstständigkeit. Die Entscheidung, den Schritt aus einer gut honorierten Führungsposition eines renommierten Schweizer Unternehmens in die Selbstständigkeit zu wagen erfordert natürlich Mut. Denn ein sicheres monatliches Gehalt gibt es in der Selbstständigkeit bekanntermaßen nicht mehr. Auch damals gab es viele kritische Stimmen in meinem Umfeld wie »Du machst dich in so unsicheren Zeiten selbstständig, das würde ich nicht tun« oder »Trainer und Coaches gibt es doch ohnehin schon so viele am Markt, das ist doch viel zu riskant«. Ich war jedoch felsenfest davon überzeugt und hatte keinen Plan B. Warum auch? Ich war doch zu 100 Prozent davon überzeugt, eine erfolgreiche Trainerin zu sein. Erfreulicherweise hat sich mein Glaubenssatz bestätigt. Zusätzlich habe ich 2019 entschieden, mein Haus zu verkaufen und nach Salzburg zu ziehen. Ich lebe genau seit drei Wochen in meinem neuen Heim und schreibe diese Zeilen gerade in einer für mich sehr inspirierenden Umgebung. Ich bin froh über diesen Schritt und auch hier gab es wieder viele kritische Stimmen, wie »Jetzt ist ein ganz schlechter Zeitpunkt, um Immobilien zu verkaufen«, »Diesen Erlös wirst du auf keinen Fall erhalten« bis hin zu »Wie kann man so ein schönes Haus verkaufen« und »In der Stadt kennst du doch niemanden und du musst ganz von vorne beginnen, das würde ich mir noch gut überlegen«. Solche Stimmen aus dem Umfeld sehe ich immer als »Prüfung«. Man kann nochmals hinterfragen, wie ernst man es meint und wie schnell man sich verunsichern lässt. *Veränderungen bedeuten für mich immer Wachstum, Entwicklung und neue Herausforderung und ich liebe es, mich diesen neuen Herausforderungen zu stellen.* Neue Situationen, Menschen und Umgebungen kennenzulernen und neue Erfahrungen zu machen, denn dadurch entwickelt sich meine Persönlichkeit weiter. Deshalb möchte ich auch dir Mut machen, eine kraftvolle Entscheidung für dein Leben zu treffen, denn Mut wird immer belohnt. In jeder Entscheidung liegt die Chance, dass sich dein Leben in eine völlig neue Richtung entwickelt. Jede Entscheidung ist eine

Ursache und oft können schon kleine Ursachen große Folgewirkungen haben.

Sei dir deshalb bewusst, für alles, was du bist, hast oder tust, hast du dich selbst entschieden. Du hattest selbst die Wahl und die Richtung selbst bestimmt. Deine Wahl fiel auf:

- Den Job, den du ausübst.
- Die Freunde, die dich umgeben.
- Den Partner/die Partnerin an deiner Seite.
- Den Körper, in dem du lebst.
- Deine Wohnung oder Haus, in dem du lebst.
- Die Stadt oder das Land, in dem du lebst.

Und wenn dir etwas davon nicht gefällt, dann hast du jederzeit die Macht und den freien Willen zur Verfügung, es zu ändern. Du hast diese Situationen freiwillig entschieden und bist in dein Leben gezogen, also kannst du sie jederzeit auch freiwillig wieder verändern. Es ist deine Wahl, denn du bist kein Opfer deiner Lebensumstände. Du bist ein machtvoller Schöpfer. Egal wie dein Leben aussieht, du hast jeden Tag die Macht, etwas zu ändern, denn es gibt immer die drei Wahlmöglichkeiten:

1. Love it
2. Change it
3. Leave it

Worauf wartest du also noch? Fass dir ein Herz und spring einfach mal ins kalte Wasser! Es ist viel einfacher, eine ernsthafte Entscheidung zu treffen, als sich ständig den Kopf darüber zu zerbrechen, was unter Umständen hätte passieren können. Damit verschwendest du nur deine wertvolle Lebenszeit.

Die Welt wartet auf deinen Beitrag, mache dich ans Werk! Deine Talente sind die Vorboten deiner Bestimmung. Sie geben dir einen klaren Hinweis auf deine Lebensbestimmung. Jeder von uns hat etwas, das er besser kann als andere. Das ist sein Talent. Das kann von kochen, gärtnern, singen, Klavier spielen, schreiben bis hin zu gut vor Menschen sprechen können gehen. Sei aber nicht nur auf eine bestimmte Richtung fixiert, denn dadurch schränkst du dich nur ein, weil du »glaubst«, du hättest nicht das nötige Talent dafür. Bleibe also offen für alle Möglichkeiten, die das Leben dir bietet. Als ich zum Beispiel meine Ausbildung zur Mentaltrainerin machte, war ich dort in keinem Fall mit der Absicht, mich selbstständig zu machen, sondern ich besuchte diese Ausbildung »nur« für meine persönliche Weiterentwicklung, denn ich war damals noch als angestellte Trainerin in einem Dienstverhältnis tätig. Einige meiner Kolleginnen kamen hingegen mit dem fertigen Businessplan zur Ausbildung und der klaren Absicht, sich selbstständig zu machen. Ich erinnere mich noch genau, ich dachte mir: »Wow, wie genial, die sind echt gut drauf.« Als ich mit der Ausbildung fertig war und danach begeistert in einem firmeninternen Training mein neu erworbenes Wissen weitergab, lud mein damaliger Chef einen seiner Geschäftspartner ein. Dieser war wiederum so begeistert von meinem Training, dass es zu einer Folgebuchung kam, auf die ich allerdings, zumindest von der kaufmännischen Seite, nicht vorbereitet war. Schmunzelnd erinnere ich mich noch gerne daran zurück, als ich meine Freundin und Trainerkollegin anrief, was ich denn als Tageshonorar verlangen dürfte. Heute lachen wir noch sehr oft über dieses Szenario. Nach diesem Training kam es wiederum zu einer Weiterempfehlung. Dies waren die ersten Schritte in meine selbstständige Trainertätigkeit, die in der Form nicht so auf meinem Lebensplan stand. Wer mein Buch bis jetzt aufmerksam gelesen hat, wird sich vielleicht die Frage stellen: »Warum wird sie selbstständige Trainerin, wenn es doch gar kein geplantes Ziel war?« Gute Frage. Es gehörte tatsächlich nicht zu meinen geplanten Zielen, mich selbstständig zu machen. Doch was ich dir mit auf den Weg geben möchte ist, dass das

Leben und die Lebensumstände ständig zu dir sprechen, und ich möchte dich dafür sensibilisieren, für diese Zeichen beziehungsweise Sprache der Lebensumstände offenzubleiben. Sei nicht zu sehr auf etwas fixiert. Denn wenn sich eine Tür nicht öffnet, dann ist es nicht deine und umgekehrt – wenn sie sich öffnet, dann ist es deine.

Im Grunde können wir uns alles aneignen, was ein anderer Mensch kann. Es gibt nur eine Bedingung: Diese Fähigkeit muss Teil deiner Herzensbestimmung sein. Hab keine Angst vor zu großem Denken, denn deine Vision wird sich wundersam fügen. Lebe deine Bestimmung und das Glück hat dich zu seinem Schützling gemacht. Glaube mir, ich weiß, wovon ich spreche. Ich habe bereits im Kapitel »Loslassen« über meinen intensiven Prozess des Loslassens gesprochen. Als ich eine meiner letzten »äußeren Sicherheiten«, meinen gutbezahlten Job, aufgab, folgte auch ein intensiver Dialog mit meinem »Chef da oben«, das ist meine charmante Bezeichnung für den »lieben Gott«. Ich haderte und konfrontierte ihn mit all meinen »Vorwürfen« und der Frage: »WAS willst du eigentlich von mir?« Ich habe jetzt alle Sicherheiten und meine Herzenswünsche losgelassen, also zeige mir »gefälligst« den Weg. Ich schreibe das bewusst, denn es lag damals auch ganz viel Wut und Vorwurf in meinem täglichen Dialog beziehungsweise Gebet. Wenn ich diese Zeilen heute schreibe, bin ich sehr demütig, denn die Antwort kam postwendend. Die »unterstützenden Mächte« werden für dich wirksam, wenn du auszuleben beginnst, wofür du gemacht wurdest. Von da an geschahen »wahrlich Wunder« in meinem Leben. Ich bin jedoch auch davon überzeugt, dass eine »höhere Instanz« prüft, ob du es ernst meinst mit deinem Ziel. Für irgendwelche Egospiele oder schnell inszenierten Shows gibt es keine Unterstützung seitens der geistigen Welt. Hast du jedoch deine Bestimmung gefunden, geht deine Reise zu den Sternen los. Es gibt da draußen ein Leben, das viel größer,

wundervoller und fantastischer ist, als du es dir vorstellen
kannst. Und dieses Leben wartet auf dich.

Übernimm Verantwortung

Jeder große Erfolg, den du heute bewunderst, hat irgendwann mit kleinen Schritten begonnen. Vielleicht denkst du
ja, das Ganze lieber mal »etwas kleiner« anzufangen. Frag
dich ehrlich, wie viel »emotionaler Treibstoff« tatsächlich
hinter so einem Vorhaben steckt. Dein Herz muss brennen
vor Sehnsucht und deine Augen müssen glühen vor Begeisterung. Wenn du ständig nur in diesem »kleinen Rahmen«
agierst, wirst du nie herausfinden, wozu du wirklich fähig
bist.

Viele Menschen haben scheinbar alles im »Außen«: Familie, Gesundheit, Freunde, Geld. Doch oftmals fehlt ihnen
etwas ganz Entscheidendes, sie »brennen für nichts« mehr.
Da flackern in den Augen nicht einmal mehr »Teelichter«. Im
Rahmen meiner Tätigkeit bin ich viel in Großstädten unter-
wegs. Ich liebe es, Menschen zu beobachten und in ihren Gesichtern zu lesen. Oftmals stimmt mich das auch sehr nachdenklich, denn wenn man in die Gesichter beziehungsweise
Augen vieler Menschen blickt, sieht man häufig nur noch
leere, ausdruckslose Augenpaare und ein Gesicht, das auf
wenig bis gar keine Lebensfreude schließen lässt. So ging es
mir erst kürzlich in Wien. Ich saß in der U-Bahn und war
auf dem Weg zu einem meiner Kunden. Die Menschen starren mit leerem Blick auf ihre Handys oder in die Tageszei-
tung, und wenn man es sich erlaubt zu lächeln, wird man
mit fragwürdigen Blicken konfrontiert. In unserer Gesellschaft fällt man auf, wenn man lächelt. Das sollte uns doch
nachdenklich stimmen. Traurige und ausdruckslos Gesichter sind anscheinend die Norm geworden. Doch genau das
sollte für dein persönliches Leben nicht zum Standard wer-

den. Das Leben darf Spaß und Freude machen – und zwar
täglich. Die meisten funktionieren im Alltagstrott und wissen nur noch, was sie zu erfüllen haben, jedoch nicht mehr,
was sie erfüllt. Weil sie ihre Herzenswünsche begraben oder
sich noch gar nie gefragt haben, welche das sein könnten.
Während meiner Gespräche höre ich öfters den Satz:
»Eigentlich würde ich viel lieber …« Meine Antwort darauf lautet dann: »Und warum machst du es dann nicht?«
Falls du auch zu jener Gruppe gehörst, die »eigentlich viel
lieber etwas ganz anderes machen würde«, dann sei dir darüber bewusst, mit dem, was du viel lieber tun würdest, gibt
dir »deine innere Stimme« einen klaren Hinweis, in welche
Richtung dein Herz beziehungsweise deine Herzenswünsche, Talente und Fähigkeiten dich ziehen. Höchste Zeit, auf
diese Zeichen zu hören und einfach zu beginnen!

Eine schöne Bestätigung und Geschichte, was aus dem
»Keim eines Herzenswunsches« entstehen kann, ist für mich
der Weg von Dr. Werner Waldmann. Er ist der Gründer der
»Austrian Doctors« und wurde 2018 mit dem Preis »Österreicher des Jahres« im Bereich Humanitäres Engagement für
seinen unermüdlichen Einsatz in den ärmsten Ländern dieser Welt ausgezeichnet. Ich besuchte im Frühling dieses Jahres einen Vortrag von ihm, welcher mich tief berührte. Seine
Geschichte begann damit, dass er in der Einleitung erzählte,
dass er sich zu seinem Pensionsantritt eine große Sinnfrage
stellte. Er hatte als erfolgreicher, angesehener Kinderarzt in
Salzburg alles erreicht, doch in seinem Herzen brannte noch
eine große Sehnsucht. Allem voran der Wunsch, für die Welt
noch einen Beitrag zu leisten. Er stellte sich mit 60 Jahren
die alles entscheidende Frage »Das kann noch nicht alles ge-
wesen sein« und meldete sich für seinen ersten Hilfseinsatz.
In seinem fesselnden Vortrag erzählte er, dass ihm rasch klar
war, dass es natürlich um weit mehr ging als »nur« um die
gesundheitliche Versorgung. Es ging vor allem um Trink-
wasserversorgung und Bildung. So wurden neben der ge-

sundheitlichen Grundversorgung erste Brunnen gebaut. Es folgten zahlreiche Langzeiteinsätze in Kenia, Bangladesch, Kalkutta sowie auf den Philippinen.

In Kooperation mit den »German Doctors« in Frankfurt kam es zur Gründung des Komitees »Ärzte für die Dritte Welt« und bereits 1990 wurde in Kalkutta die erste Schule gegründet. Als Dr. Waldmann von einem Besucher in seinem Vortrag gefragt wurde, ob es denn nicht gefährlich für ihn war und ob er nie selbst ernsthaft krank wurde, sagt er: »Natürlich war es gefährlich, und ja, jedes Mal, wenn ich von meiner Reise zurückkam, war ich krank. Doch ich habe überlebt, wie man sieht«, meinte er mit strahlenden Augen und einem schelmischen Grinsen im Gesicht. »Und nur das zählt, denn alle anderen Fragen stellt man sich in dem Moment nicht«, ergänzte er weiter. Wenn nach 91 Lebensjahren die Augen vor Begeisterung leuchten und der Geist hellwach ist, dann weiß man, dass es den Einsatz wert war. Als er während des Vortrags gefragt wurde, ob er einen Stuhl benötige, antwortete er spontan: »Sehe ich so aus, als ob ich einen Stuhl benötige?« Es war einfach ein Genuss, ihm zuzuhören. Beendet hat er damals seinen Vortrag mit dem Satz: »Es gibt keine Dritte Welt, denn wir sind eine Welt und wir dürfen nicht wegschauen. Indem wir hinschauen, geben wir den Menschen ihre Würde wieder zurück.« Wie recht er doch hat. Heute gibt es mittlerweile ein Netzwerk von über 130 Ärzten, welche sich regelmäßig für sechswöchige Hilfseinsätze zur Verfügung stellen, sowie ein großes Netzwerk an Spendern und Förderern. Und alles begann mit der Idee und der Sinnfrage eines einzigen Mannes. Vielleicht ist es auch *deine Idee*, die darauf wartet, in die Welt getragen zu werden und Großes zu bewirken.

Wenn es um das Thema »Verantwortung übernehmen« geht, so stelle ich bei meinen Trainings häufig fest, dass es in unserer Gesellschaft nicht mehr »in« ist, Verantwortung zu übernehmen, und sich viele davor scheuen. In erster Linie geht es um die Verantwortung in deinem Berufsalltag. Wie viel Verantwortung man hat beziehungsweise bereit ist zu übernehmen, hängt natürlich von der Position ab, die du in deinem Unternehmen hast. Dass man in Führungspositionen mehr Verantwortung trägt, ist natürlich selbsterklärend. Mir ist es jedoch wichtig, in meinen Seminaren ein Bewusstsein dafür zu schaffen, dass jeder Mitarbeiter und jede Mitarbeiterin, unabhängig von der Position, sich den Arbeitsplatz selbst finanziert, indem er oder sie eine Leistung einbringt. Und wenn man sich in seinem Bereich nicht engagiert, dann geht es dem Betrieb nicht gut. Und geht es dem Betrieb nicht gut, dann gibt es den Arbeitsplatz über kurz oder lang nicht mehr. So einfach ist das. Das ist mein Verständnis von nachhaltiger Eigenverantwortung. Viele wollen heute nur mehr mit geringstem Aufwand das Beste für sich rausholen. Dieses Prinzip wird langfristig nicht funktionieren. Denn du kannst nur ernten, was du gesät hast, das ist ein Lebensgesetz. Dazu später mehr.

Übung

Stelle dir folgende Fragen:

- Wie engagiert bin ich gerade in meinem Beruf?

  . . . .

  . . . .

  . . . .

- Was kann ich tun, um meinem Betrieb mehr Nutzen zu geben?

  . . . .

  . . . .

  . . . .

- Was kann ich tun, um meinen Kunden mehr Nutzen zu bringen?

  . . . .

  . . . .

- Was kann ich tun, um meinen Kollegen beziehungsweise meinem Umfeld mehr Nutzen zu bringen?

  . . . .

  . . . .

In meiner beruflichen Laufbahn habe ich das immer so gehandhabt und auch gelebt. Für beide Unternehmen, in denen ich vor meiner Selbstständigkeit jeweils 13 Jahre tätig war, habe ich mich so engagiert, als ob es »mein« Unternehmen wäre. Mein Bestes zu geben war für mich selbstverständlich und im Gegenzug dazu erhielt ich immer das Beste zurück. Es war mein großes Glück, dass beide Firmenchefs mein Potenzial erkannten, in mich investierten und mich förderten. Ich zähle sie heute zu meinen wichtigen Mentoren und darf mit großer Dankbarkeit und Wertschätzung auf diese Zeit zurückblicken. Denn ohne sie wäre ich nicht da, wo ich heute bin.

Ich möchte jedoch betonen, dass »das Beste zu geben« nicht heißt, leisten, leisten, leisten bis zum Limit beziehungsweise immer an die Leistungsgrenze zu gehen. Nein, das heißt es nicht, ganz im Gegenteil. Das Beste geben kannst du nur, wenn du selbst gut für dich sorgst. Es geht vor allem um eine gesunde Balance. Wir Menschen haben die unterschiedlichsten Emotionen und das Leben verläuft in Wellen. Deshalb sind wir nicht in der Lage, jeden Tag 200 Prozent oder 150 Prozent zu geben. Oftmals sind es »nur« 100 und manchmal sogar nur 70 Prozent Leistungsfähigkeit. Es macht jedoch einen wesentlichen Unterschied in der Grundhaltung aus, wenn du an einem Tag, an welchem dein Leistungsbarometer bei 70 Prozent liegt, du trotzdem dein Bestes gibst, in dem Rahmen, wie es dir gerade möglich ist. Oder ob du jemand bist, der sagt: »Ist mir doch egal, sollen sich doch die anderen engagieren.« In der Grundhaltung liegt also der wesentliche Unterschied.

Bleib wissenshungrig
Bildung sorgt dafür, dass du nicht austauschbar bist. Bleibe deshalb dran und bilde und entwickle dich ein Leben lang weiter. Ich besuche pro Jahr mindestens vier bis fünf Semi-

nare, um mich in meinem Bereich weiterzuentwickeln beziehungsweise am aktuellsten Stand zu sein. Eine Fortbildung zu besuchen ist für mich immer mit großer Begeisterung und Vorfreude verbunden. Es bedeutet, neue Menschen kennenzulernen, neues Wissen zu erwerben, und somit kann ich wieder neue Erfahrungen und Erkenntnisse in meinen Trainings weitergeben. Und diese Entwicklung sollte nie aufhören. Auch wenn du schon gut bist, solltest du nie aufhören, besser zu werden. Jeder, der mich kennt, weiß, dass ich ein begeisterter Skifan bin, und deshalb hat mich auch das Interview von Marcel Hirscher nach seinem siebten Gesamtweltcupsieg sehr beeindruckt. Als er vom Reporter gefragt wurde, ob er glaubt, dass er diese Leistung überhaupt noch steigern könne, antwortete er: »Was ist das für eine Frage, natürlich kann ich mich noch steigern, denn wenn ich das nicht könnte, müsste ich morgen aufhören.« Im Folgejahr gewann er den Gesamtweltcup zum achten Mal in Folge. Das ist die Einstellung von Siegern und großen, erfolgreichen Persönlichkeiten.

Ebenso in meinen Firmentrainings stelle ich häufig fest, dass es in punkto »Wissenshunger« noch Potenzial nach oben gibt. Oftmals bin ich ehrlich gesagt schockiert, wie wenig Engagement, Begeisterung oder Vorfreude vorhanden ist, sich weiterbilden zu »dürfen«. Denn auch hier macht die Einstellung einen großen Unterschied. Erspüre selbst die Wirkung der beiden Sätze »Ich darf eine Fortbildung besuchen, um mich weiterzuentwickeln« und »Ich muss eine Fortbildung besuchen, weil der Chef mehr Umsatz will«. Kontinuierliche Weiterentwicklung ist ein Kennzeichen einer erfolgreichen Persönlichkeit. Um Verantwortung zu übernehmen, musst du in keiner Führungsposition sein. Jeder kann in seinem Umfeld, genau dort, wo du dich in deinem Leben gerade befindest, das Beste geben. »Tu, was du kannst, mit dem, was du hast, dort, wo du bist.« Du hast mit deinem Verhalten immer Vorbildcharakter für deine Umgebung.

Bleibe also wissenshungrig und bilde dich weiter – ein
Leben lang. Bildung und konsequente persönliche Weiterentwicklung sorgen dafür, dass du nicht austauschbar bist.
Kontinuierliche Weiterentwicklung ist ein Kennzeichen einer
erfolgreichen Persönlichkeit. Übernimm Verantwortung und
gib immer dein Bestes, genau dort, wo du dich in deinem
Leben gerade befindest. »Tu, was du kannst, mit dem, was
du hast, dort, wo du bist.« So bist du mit deinem Verhalten
ein leuchtendes Vorbild für dein Umfeld.

Die Macht unserer Gefühle

Unsere Gefühle haben einen großen Einfluss auf unsere Lebensqualität und den Umgang mit anderen Menschen. Gefühle sind nichts anderes als neurophysiologische Zustände.
Sie entstehen durch das immer gleiche Zusammenspiel innerer Prozesse. Gefühle sind auf körperlicher Ebene nichts
anderes als biochemische Signale, die dem Informationsaus-
tausch zwischen Körper und Gehirn dienen und das System
dazu veranlassen, angemessene Verhaltensprogramme aus-
zuführen. Auf diesem Regelungssystem basiert unsere Motivation, etwas erreichen oder vermeiden zu wollen. Das emotionale Gedächtnis speichert Sinnesreize mit den in der jeweiligen Situation erlebten Gefühlen ab und bewertet später
ähnliche Situationen entsprechend entweder als »erstrebenswert« oder als »gefährlich«. Emotionen sind also immer Reaktionen auf Auslöser.
   An der Außenwand jeder Zelle sitzen Rezeptoren, an die
chemische Stoffe »andocken« können. Emotionen sind also
holographisch eingeprägte Chemikalien. Jedes Gefühl, jede
Emotion wie Ärger, Wut, Hass, aber natürlich auch Liebe,
Mitgefühl und Freude erzeugen einen chemischen Stoff, zu
dem es ein Gegenstück gibt. Wenn wir ständig die gleichen

Emotionen erleben, werden die Zellen »süchtig« nach der entsprechenden Emotion, vergleichbar mit Drogen. Wenn du dich zum Beispiel regelmäßig ärgerst und wütend bist, produziert die Zelle den entsprechenden »Gefühlscocktail« und du wirst durch permanentes Durchleben dieser Emotion »süchtig nach Ärger und Wut«. Dieses Prinzip funktioniert nach demselben Modell wie unsere Gewohnheiten und unsere unbewussten Programme. Wir sind in den immer gleichen Mustern aus Reiz und Reaktion gefangen. Solche »Gefühlsgewohnheiten« entstehen sehr schnell und stehen in engem Zusammenhang mit unseren Gedanken, siehe Kapitel »Die Macht unserer Überzeugungen und Glaubenssätze«, Seite 137. Denn unsere Gedanken erzeugen unsere Gefühle, was wir fühlen, strahlen wir aus, und was wir ausstrahlen, ziehen wir an. Die gute Nachricht ist auch hier, dass wir den Auslöser für unsere emotionalen Reaktionen in unserem Unterbewusstsein neutralisieren können.

Energie folgt immer der Aufmerksamkeit und Beachtung schafft Verstärkung. Wir lenken unsere Energie immer dorthin, wo unsere Aufmerksamkeit weilt. Je häufiger du also etwas Bestimmtes denkst oder tust, desto intensiver unterstützt du die Festigung dieses Verhaltens. Wer zum Beispiel regelmäßig jammert, wird zum »Jammerer«, wer sich immer Sorgen macht, wird zum »Schwarzmaler«, und wer sich selbst ständig bemitleidet, wird zum »Opfer«. Und wie bereits erwähnt, funktioniert dieses Prinzip auch umgekehrt. Sobald du ein Muster, Verhalten oder Programm nicht mehr wiederholst, löschst du sozusagen das Programm. Auf der zellulären Ebene bilden sich die »neuronalen Stränge« des entsprechenden Verhaltens zurück. Wenn du dich also für neue, positive Gefühle wie Freude, Spaß, Liebe und Glück entscheidest, bilden sich neue neuronale Verbindungen. Die Zelle produziert einen neuen »Gefühlscocktail« und will davon immer mehr. Ganz nach dem Motto: »Darf es noch etwas mehr vom Glückscocktail sein?«

Das intelligente Bewusstsein der Zellen

Der bekannte Zellbiologe Dr. Bruce Lipton beschreibt in seinem Buch »Intelligente Zellen«, dass unser Denken und Fühlen bis in jede einzelne unserer Zellen hineinwirken und unser Leben bestimmen. Die Wahrnehmung der uns umgebenden Umwelt ist es, die unsere Gene kontrolliert und nicht wie bisher vermittelt unsere DNA. So beeinflusst zum Beispiel der emotionale Zustand der Mutter das Baby während der Schwangerschaft mehr als der genetische Code. Wir bestehen ca. zu 75 Prozent aus Wasser. Wasser ist Informationsträger und im genannten Fall überträgt sich jede Emotion der Mutter über den »Informationsträger« Fruchtwasser auf das Baby. An dieser Stelle kannst du dich fragen, wie es deiner Mutter mit dir im Bauch ging. Hattest du eine glückliche Mutter? Warst du ein Wunschkind beziehungsweise hat man sich auf dich gefreut? Mache dir bewusst, all diese Informationen sind in deinem »Zellbewusstsein« gespeichert.

Einen weiteren Beweis dafür lieferte der Wissenschaftler Dr. Masaru Emoto. Er zeigt in seinem Buch »Die Antwort des Wassers« Bilder von gefrorenen Wasserkristallen, die auf Musik und Emotionen reagieren. Emoto klebte Etiketten mit den Worten »Liebe« und »Danke« sowie »Du machst mich krank« aufs Wasser. Das Wasser reagierte auf diese Botschaften – indem es bei »Liebe und Danke« wunderschöne Kristalle bildete und bei »Du machst mich krank« hässliche, missgebildete Kristalle erzeugte. Emoto fotografierte zudem Wasserkristalle aus verschiedenen Städten der Welt und machte herrliche Aufnahmen vom Wasser, dem klassische Musik vorgespielt wird. »Gesundes« Wasser bildet, wie Emoto herausgefunden hat, schöne sechseckige Kristallstrukturen und »krankes« Wasser, das in die Mikrowelle oder neben ein Handy gestellt oder mit moderner Musik (Hardrock und Heavy Metal) beschallt wurde, verhinderte eine schöne Kristallbildung.

In den letzten acht Jahren wurden in Emotos Labor über 10.000 Fotos von Wassertropfen unter dem Mikroskop gemacht. Eine seiner wichtigsten Erkenntnisse in diesen ganzen Jahren war die, dass der Zustand des Wassers beeinflussbar ist. Die Struktur des Wassers reagiert auf Schwingung, Musik, Gedankenkraft und Worte. Der Mensch besteht ebenso zu 75 Prozent aus Wasser. Somit reagieren unsere Gewebsflüssigkeiten auf Worte, Gedankenkraft und Emotionen und können uns entweder stärken oder schwächen.

Wir bestehen aus einer »Gemeinschaft« von 50 Billionen Zellen. Wie Menschen registrieren auch einzelne Zellen Tausende von Reizen aus ihrer Umwelt und wählen Verhaltensreaktionen, um ihr Überleben zu sichern. Einzelne Zellen sind zudem in der Lage, durch die Erfahrungen mit ihrer Umgebung zu lernen, Erinnerungen zu speichern und an ihre Nachkommen weiterzugeben. Sie besitzen sozusagen einen intelligenten Mechanismus. Die »intelligenten Zellen« verhalten sich nicht wie Einzelkämpfer, sondern schließen sich zusammen und bilden Gemeinschaften, wie zum Beispiel Gewebe und Organe, um noch intelligenter zu werden. Das wahre Geheimnis des Lebens liegt nicht im Zellkern, sondern in der Zellmembran. Sie ist das »Gehirn der Zelle« und ähnelt einem Computerchip. Computer und Zellen sind programmierbar und der Programmierer sitzt außerhalb der Zelle. Wir besitzen die Macht, die Daten zu bestimmen, die wir in den »Biocomputer« eingeben. Wir sind diesen automatischen Prozessen nicht hilflos ausgeliefert. Wir müssen auch auf keine zufälligen Auslöser mehr warten oder auf Menschen, die unsere ungeliebten Knöpfe drücken. Wir haben die Schalthebel für unser Gehirn selbst in der Hand und entscheiden selbst, in welche Richtung wir unsere Gedanken und Gefühle lenken wollen. Wir können ein Leben voller Gesundheit, Glück und Liebe erschaffen, es liegt allein an uns selbst. Man kann sein Leben verändern, indem man seine Überzeugungen verändert und sich von guten Gedanken und Gefühlen überzeugen und leiten lässt.

Doch bevor das geschehen kann, dürfen wir noch einen Blick auf unsere »negativen Gefühle« werfen. Hier sind wir Meister im Verdrängen und Ablenken. Welchen Zweck haben negative Gefühle eigentlich? Sie sind in der Regel immer ein Aufruf zum Handeln. Ein negatives oder schmerzhaftes Gefühl beleuchtet häufig Lebensbereiche, mit denen wir uns nicht gerne auseinandersetzen, beziehungsweise schmerzhafte Themen aus der Vergangenheit, die wir verdrängt haben. Oder Menschen in unserem Umfeld drücken unsere Knöpfe und das ungeliebte Programm »fährt hoch«, ohne dass wir es steuern können. Mach dir klar, ein Mensch in deinem Umfeld kann immer nur ein Gefühl auslösen, das bereits vorher schon in dir war.

Wie also sieht der richtige Umgang mit negativen Gefühlen aus?

- Das Gefühl konkret benennen.
- Die Botschaft dieses Gefühls annehmen.
- In welcher Situation hast du dich gleich gefühlt?
- Bereit sein, die Emotion bejahend zu fühlen.

Häufig beziehungsweise meistens finden wir Verbindungen zu unserer Kindheit und somit zu Gefühlen, die wir weder uns noch unseren Eltern gegenüber erlaubt haben (siehe auch Kapitel »Unser inneres Kind wartet auf Heilung«, Seite 101). Ich möchte dir Mut machen, dich mit den unliebsamen Gefühlen wie Wut, Schmerz, Ohnmacht, Trauer, Eifersucht, Schuld und Neid zu beschäftigen und diese bejahend zu fühlen. Erst wenn wir bereit sind, diese anzunehmen und zu fühlen, können sie unser Energiefeld verlassen. Verdrängen ist daher langfristig keine empfehlenswerte Methode, andernfalls hießen sie »Ge-dränge« und nicht »Ge-fühle«, wie es Robert Betz in seinen Seminaren immer sehr humorvoll beschreibt. Zugegeben, das ist nicht immer so einfach, wie es klingen mag, doch es ist die effizienteste und nachhaltigste Methode, sich von negativen Emotionen zu befreien. Denn wenn wir uns von diesen ungeliebten Emotionen nicht befreien, bahnen sie sich den Weg aus unserem Unterbewusstsein. Die Folgen können Krankheiten oder andere körperliche Symptome sein.

Meistens brauchen wir auch hier viel Geduld und einen liebevollen Umgang mit uns selbst, denn viele haben bereits als Kind gelernt, wie man negative Emotionen verdrängt. Sätze wie »Das ist doch kein Grund, Angst zu haben«, »Starke Männer weinen nicht« oder »Wenn du wütend bist, hat dich Mama nicht mehr lieb« sind den meisten von uns vertraut. So lernen wir nicht nur die Emotionen zu unterdrücken, sondern auch »unsere Strategie«, wie wir am meisten Liebe und Anerkennung bekommen. Männer lernen so, ihre Schwächen zu verdrängen und immer stark sein zu müssen, und Frauen entwickeln sich zum »lieben, braven Mädchen« oder ins Gegenteil, zur Rebellin.

Wenn wir unsere Verantwortung für dieses Gefühl übernehmen und es als unser Gefühl in Besitz nehmen, indem wir nach innen gehend sagen: »Du bist meine Wut. Ich habe dich einmal erschaffen und lange abgelehnt, dich zu fühlen. Heute bin ich bereit, dich mit Liebe zu fühlen«, dann können wir diese Gefühle in uns in Frieden und Freude verwandeln. Geführte Meditationen eignen sich hier als Unterstützung hervorragend.

Wut und Aggression

Ehrlich gesagt muss bei mir schon einiges zusammenkommen, dass ich wütend werde. Da ich jedoch leider nicht zu den geduldigsten Menschen gehöre, ertappe ich mich zum Beispiel häufig beim Autofahren, dass ich doch wütend werden kann. Erst kürzlich hat mich auf der Fahrt nach Wien ein Autofahrer beim Einordnen geschnitten – nur durch eine Vollbremsung konnte ich einen Unfall verhindern. Als ich mich vom ersten Schrecken erholt hatte, schlug ich mit der Faust auf das Lenkrad und fühlte die »brodelnde Energie« von Wut in mir aufsteigen. Ich rief im Auto lautstark: »Was fällt dem ein! So ein I...« Bestimmt hast du in deinem Leben auch schon intensive Wuterfahrungen gemacht. Vielleicht ist dir dieses Gefühl aber auch eher fremd oder du möchtest beziehungsweise kannst es nicht zulassen, weil du gelernt hast, brav und angepasst zu leben und deine Wut zu unterdrücken. Wenn wir wütend sind, lassen wir uns zu Dingen hinreißen, die wir später bedauern. Wir schlagen wie besinnungslos um uns, verbal und manchmal auch körperlich. Selbst wenn wir uns danach entschuldigen, bleibt eine Narbe auf der Seele zurück. Und oft auch Scham, denn im Grunde unseres Herzens wissen wir, dass ein Wutanfall zu nichts führt. Er erklärt nichts und er verbessert nichts, im Gegenteil. *Oft empfinden wir Wut beziehungsweise unterdrücken sie, wenn wir nicht unser Leben, sondern fremdbestimmt leben.* Wenn wir unsere eigenen Bedürfnisse missachten, sind wir in der unbewussten Schicht des Selbst wütend darüber, dass wir diese unterdrücken. So wie Angst ist auch Wut ein Signal. Sie funktioniert wie eine Ampel, die auf Rot springt: »Halt, stopp!« Was ist der wahre Grund deiner Wut? Warum ist der Druck so stark geworden, dass er sich als Wut entlädt? Wenn ein Mensch ein unangenehmes Gefühl wie Ärger oder Wut in uns auslöst, dann war dieses Gefühl, wie bereits erwähnt, schon vorher in uns. Es ist fast immer die Wut des kleinen Kindes in uns. Aber in der Regel verdrängen wir dieses Gefühl und erkennen sie nicht als unsere eigene Schöpfung an. Es geht auch hier vor allem darum, dieses Gefühl nicht zu verdrängen, sondern bejahend zu fühlen. Die meisten Menschen werden häufig nur wütend auf die eigene Interpretation einer Situation. Selten ist das gerechtfertigt. Wir können Wut auch konstruktiv nutzen, um eine gesunde Grenze zu setzen, den eigenen Raum zu verteidigen und stopp zu sagen. Wir lehnen am anderen meist Eigenschaften oder Verhaltensweisen ab, die wir auch an uns selbst ablehnen oder wie wir nicht sein wollen. Ebenso kann es sein, dass diese Eigenschaften wie ein »Trigger« wirken und uns an Erfahrungen und Menschen aus der Vergangenheit erinnern, mit denen wir bis heute noch nicht in Frieden sind. Ein wütender Mensch ruft mit seiner Wut nach Liebe. Sobald wir anfangen, uns selbst und unsere Wut zu lieben, indem wir die Wut des Kindes erkennen und dieses Kind lieben lernen, können wir unser Herz für den anderen öffnen und ihm innerlich mit Liebe begegnen.

Ärger

Ähnlich wie bei der Wut kennen wie es, wie es sich anfühlt, wenn uns das Gefühl von Ärger überkommt. Es reicht dir, wenn dir der Chef wieder mal einen Stapel Arbeit auf den Schreibtisch knallt und dabei ganz übersieht, wie viel ohnehin schon zu tun hast. Du kochst innerlich und das Gefühl füllt dich komplett aus. Meistens geraten wir aus der Fassung, sind gereizt, aufbrausend oder empört, wenn andere nicht unseren Vorstellungen entsprechend reagieren. Es ist falsch, wenn wir denken, wir *müssen* uns über dieses und jenes ärgern. In Wirklichkeit entscheiden wir selbst darüber. Wir ärgern uns, weil die Realität nicht mit unseren Erwartungen übereinstimmt. Wir können zwar versuchen, sie anzupassen, jedoch wird das nicht immer möglich sein. Es ist mir aber immer möglich, meine Erwartungen aufzulösen. Habe ich keine Erwartungen mehr, kann die Realität sich nicht mehr mit mir reiben, nicht mehr mit mir kollidieren und ich bin frei von Ärger. Wir sind dann auch nicht mehr enttäuscht, beleidigt, verletzt, gekränkt und nicht mehr aggressiv, denn wenn du keine Erwartungshaltung mehr hast, kannst du auch nicht mehr enttäuscht werden. Wir fragen nicht mehr *Wer* uns geärgert hat, sondern *Was*. Der Kontakt bleibt somit zum anderen ungetrübt, weil jeder Ärger nicht mehr persönlich aufgefasst wird. Wir sprechen miteinander und sind bereit, den anderen anzuhören und den Ärger aus der Welt zu schaffen. Sollte uns dennoch etwas ärgern, dann erinnern wir uns, dass dies ein vorübergehender Zustand ist, und anstatt uns aufzuregen, nutzen wir die Kraft und Zeit, um die Dinge in Ordnung zu bringen.

Schuld

Im Leben der meisten Menschen kommt es zu Situationen, in denen sie sich schuldig fühlen. Nicht weil sie etwas angestellt haben oder weil sie Schuld auf sich geladen haben, nein, das Gefühl kommt wie aus dem Nichts. Doch mit Sicherheit gab es irgendwann eine Situation, in welcher der Betreffende eine negative Bewertung erlebt hat. Ich selbst kenne dieses Gefühl gut aus meinem eigenen Leben, als ich traurigerweise im Oktober 2014 meine geliebte Schwester durch Suizid verlor. Sie litt an einer Depression, und obwohl sie in das liebevolle Umfeld von Familie und Freundeskreis eingebettet war, wir jede Form der Therapie für sie in Erwägung zogen, konnten wir ihr nicht helfen. Zurück blieben die quälenden Fragen: »Haben wir etwas übersehen?« »Haben wir sie genügend unterstützt?« Ich war damals gerade dabei, meine Selbstständigkeit aufzubauen, und es lief beruflich wirklich gut. Lange noch nach dem schmerzhaften Tod meiner Schwester quälten mich Schuldgefühle und die Frage, ob ich es mir überhaupt erlauben darf, glücklich und erfolgreich zu sein. Nach intensiver Aufarbeitung des Themas konnte ich mir nach einiger Zeit zugestehen: »Ja, ich darf glücklich und erfolgreich sein, ohne Schuldgefühle haben zu müssen.«

Beim Thema Schuld hat mit Sicherheit die Kirche einen großen Einfluss, denn die Idee von Sünde, Schuld und Bestrafung gehört zu den wirkungsvollsten Überzeugungen. Seit Adam und Eva in der biblischen Überlieferung aus dem Paradies vertrieben wurden, wird der Mensch als schuldig und sündhaft dargestellt. Die Sünde ist außerordentlich praktisch, um die Menschen zu beherrschen und sie abhängig zu machen. Der Mechanismus, der dahinftersteckt, hat sich seit Jahrtausenden bewährt: Man erklärt den Menschen »Ihr seid alle Sünder« und somit haben sie ein schlechtes Gewissen. Und weil sie ein schlechtes Gewissen haben, sind sie manipulierbar. Wie kann die Sünde in das Weltbild der christlichen Kirche passen? Sie kann es nicht, weil sich bedingungslose Liebe und Sünde beziehungsweise über andere richten gegenseitig ausschließen.

Es geht darum, uns darauf zu besinnen, wer wir wirklich sind«, sowie um das Anerkennen der eigenen Göttlichkeit in uns. Die Menschen dürfen erkennen, dass es keinen strafenden Gott gibt, denn er hat uns nach seinem Ebenbild erschaffen und uns das größte Geschenk gemacht – den freien Willen. Und wenn wir Gott gleichgestellt sind, dann bedeutet das, dass wir nicht von ihm bestraft werden und nicht schuldig sind. Dieses Wundersame zu akzeptieren bedeutet Verantwortung. Dann kann es keine Opfer und keinen Schuldigen mehr geben, sondern nur noch das Ergebnis unserer Gedanken auf etwas. Und es heißt auch nicht, dass unser Handeln keine Folgen hat. Wir ernten, was wir säen, also sollten wir uns um die besten und hochwertigsten Samen kümmern. Denn wie die Ernte ausfällt, liegt an uns. Möchtest du wirklich, dass dein Leben »abhebt«? Dann verändere deine Vorstellung von dir selbst. Überprüfe jeden Gedanken, jedes Wort und jede Handlung, die sich nicht im Einklang damit befinden, und entferne dich von diesen.

Fange an, dir vorzustellen, wie es deinem Wunsch nach sein soll, und begib dich in diese Vision hinein. Denk, sprich und handle als das göttliche Wesen, das du bist.

Angst

Die größte und weitverbreitetste negative Emotion von allen ist die Angst. Die größten Ängste resultieren aus Verlust, Existenz und der Angst zu versagen. Viele Menschen fürchten sich vor dem Versagen so stark, dass sie keine Chance nutzen, um etwas Neues zu beginnen. Die Angst entspringt einem fundamentalen Mangel an Vertrauen in das Leben und führt zu entsprechender Abwehrreaktion beziehungsweise zum inneren Kampf. Sie blockiert nicht nur das Leben generell, sondern ganz konkret die Denkfähigkeit und die Energie des betreffenden Menschen. Alle menschlichen Handlungen gründen sich auf tiefster Ebene auf zwei Emotionen, auf Angst oder auf Liebe. Wir haben die freie Wahl, für welche der beiden wir uns entscheiden. Angst ist also immer Abwesenheit von Liebe. Und so paradox es klingt, Liebe ist der einzige Transformator für Angst.

Die Angst als Chance sehen: Für tiefergehende Prozesse, krankhafte Angststörungen oder schwierige Themen ist es natürlich ratsam, sich professionelle Hilfe zu holen.

Für unsere sogenannten alltäglichen Ängste gilt folgende Grundregel: Tu das, wovor du Angst hast, und du verlierst sie. Erinnere dich immer daran, dass Angst immer nur ein emotionaler Zustand ist. Stelle dir dabei immer das »Worst-Case-Szenario« vor. Dazu ein paar Beispiele:

Angst vor dem Scheitern: Erlaube dir, Fehler zu machen, und lege deinen Perfektionismus ab. Wir müssen nicht immer perfekt sein. Wir können Fehler jederzeit korrigieren, wir können aus ihnen lernen und sie sind nicht lebensbedrohlich.

Die Angst vor Veränderungen: Sich zu verändern heißt,

sich weiterzuentwickeln. Veränderung ist nicht gefährlich, im Gegenteil. Nur wer Neues ausprobiert, kann sich weiterentwickeln. Die Angst davor fühlt sich zwar sehr echt an, ist jedoch nur in unserer Vorstellung präsent. Wenn du dich schlussendlich doch traust, stellst du hinterher fest, dass es gar nicht so schlimm war wie anfangs befürchtet. Also sei mutig und trau dich!

Die Angst davor, allein zu sein: Die Angst vor dem Alleinsein ist weit verbreitet. Viele bleiben beispielsweise lieber in kaputten Partnerschaften, weil sie Angst haben, am Ende allein dazustehen. Zeit mit sich allein zu verbringen und diese zu genießen ist die Basis für eine gesunde Partnerschaft. Sei dir diese Zeit des »Mit-dir-allein-Seins« wert.

Negative Bilder und Emotionen durch positive zu ersetzen ist eine weitere Strategie im Umgang mit der Angst und unseren negativen Gefühlen. Alle positiven Gefühle wie Dankbarkeit, Freude, Liebe, Herzlichkeit sind ein wirksames Gegenmittel, negative Emotionen beziehungsweise Ängste auszublenden. Der wichtigste Grundsatz lautet daher: Nichts kann dir ein schlechtes Gefühl vermitteln, wenn du es nicht zulässt. Alles hat die Bedeutung, die du ihm beimisst. Wenn du deine destruktiven Gefühlsmuster regelmäßig durchbrichst und sie durch neue konstruktive ersetzt, werden diese irgendwann komplett aus deinem Unterbewusstsein beziehungsweise aus deinem Verhalten und deiner Persönlichkeit gelöscht sein und haben somit keine Macht mehr über dich. *Versprich dir selbst, dass du nie wegen deiner negativen Emotionen aufgibst und du weitergehst. Egal, wie viel Ängste du in dir findest.*

Lerne, dich gut zu fühlen

Im Umgang mit unseren »negativen Emotionen« wie Wut, Ärger, Schuld oder Angst empfehle ich dir erst mal, diese anzunehmen und bejahend zu fühlen. Du solltest deinen Focus nicht darauf legen, Emotionen wie Wut, Angst, Ärger etc. zu vermeiden, sondern positive Gefühle wie Freude, Dankbarkeit, Wertschätzung, Vertrauen, Liebe und Begeisterung zu pflegen. Du kannst lernen, dich gut zu fühlen, indem du entweder möglichst viele Dinge unternimmst, die dich glücklich machen beziehungsweise dir ein gutes Gefühl vermitteln, oder du stellst dir einfach eine schöne Situation vor. Denn jeder Gedanke und jedes Gefühl hat eine Energie, die uns stärkt oder schwächt. In meinen Seminaren führe ich als Praxisbeispiel den aus der Traditionellen Chinesischen Medizin bekannten Muskel- beziehungsweis Armtest durch. Zuerst testet man den kraftvollen Widerstand des jeweiligen Armes. Anschließend stellt sich der Teilnehmer ein negatives, schmerzhaftes Erlebnis aus der Vergangenheit vor. Sobald das Bild vor deinem geistigen Auge erscheint, ist die Kraft im Arm weg. Zum Abschluss stellt sich der Betroffene ein positives, freudvolles Erlebnis vor und die Kraft im Arm ist wieder da. Das ist eine aussagekräftige Übung, um den Teilnehmern bewusst zu machen, was unsere Gedanken und Gefühle im Körper auslösen. Unser Unterbewusstsein kann nicht unterscheiden, ob wir uns etwas nur vorstellen oder ob wir es tatsächlich erleben. Wenn wir also immer wieder über unsere schmerzhaften Erlebnisse und über Ängste sprechen beziehungsweise auch nur daran denken, erleben wir die Situation jedes Mal neu. Ich frage dich deshalb hier an dieser Stelle: Möchtest du bewusst deine schmerzhaften Erfahrungen aus der Vergangenheit nochmals freiwillig durchleben? Ich denke nicht – oder?

Bewusstsein und Unterbewusstsein

Die Psychologie geht davon aus, dass im Unbewussten alle Erfahrungen, die wir jemals in unserem Leben gemacht haben, abgespeichert sind. Diese Erfahrungen bestimmen unser Denken und Handeln und bewerten Situationen und Menschen im Bruchteil einer Sekunde und rufen Gefühle wie Freude und Ängste hervor. Das Unbewusste ist also mächtig. Es steuert neben dem Verhalten auch alle körperlichen Reaktionen und Körperfunktionen. Vera F. Birkenbihl verglich die Größe von Bewusstem und Unbewusstem wie folgt: »Das Unbewusste entspricht einer Strecke von elf Kilometern, das Bewusste hingegen von fünf Zentimetern.«

Ebenso ist unsere »innere Bildgalerie« in unserem Unterbewusstsein abgespeichert. Jedes Gefühl und jedes Bild in dir wird Wirklichkeit, dies bestätigt die Übung mit dem Armtest. Jedes Gefühl, jeder Gedanke und jedes Bild, welches du dir vorstellst, hat eine unmittelbare Wirkung auf den physischen Körper. Dies bestätigt auch die Annahme vom Begründer der Psychoanalyse, Sigmund Freud (1856–1939). 90 Prozent unseres Verhaltens und unserer Kommunikation werden von unserem Unterbewusstsein beziehungsweise von unseren unbewussten Programmen gesteuert und nur 10 Prozent von unserem bewussten Verstand. Dem Eisberg-Modell liegt das Prinzip zugrunde, dass beim Eisberg eben auch nur ein kleiner Teil (10 Prozent) sichtbar ist, während der wesentlich größere Teil (90 Prozent) unter der Wasseroberfläche verborgen ist.

Ein weiteres Beispiel dafür ist ein Kinobesuch. Allein die Tatsache, dass uns eine emotionale Szene zu Tränen rührt, obwohl wir die Szene nur von »außen« sehen und weder betroffen sind noch im Film mitspielen, zeigt, wie unser Unterbewusstsein auf Bilder reagiert. Es kann zwischen positiv und negativ nicht unterscheiden. *Des Weiteren kann es zwischen Realität und Vorstellung nicht unterscheiden, alles, was du für möglich hältst, ist für dein Unterbewusstsein Re-*

alität. Deshalb macht es keinen Sinn, dass wir uns weiterhin mit den schmerzhaften Erlebnissen und »inneren Bildern« der Vergangenheit beschäftigen. Die Vergangenheit ist vorbei und wir können sie nicht mehr ändern, wir können jedoch jeden Tag neu entscheiden, wie wir in Bezug auf sie reagieren. (Siehe Kapitel »Es ist nie zu spät für eine glückliche Vergangenheit«, Seite 104.) In meinen Trainings und Coachings empfehle ich folgende wirkungsvolle mentale Übung.

Übung

Sobald du merkst, dass wieder ein schmerzhaftes Bild oder negative Emotionen aus deiner Vergangenheit aufflackern, stelle dir das Bild vor und verschiebe es in einen »geistigen Papierkorb«. Anschließend stellst du dir vor, wie du diesen entleerst. Diese Übung wiederholst du so lange, wie sich negative Bilder oder Emotionen zeigen. Unterstützend, vor allem für die negativen Emotionen, ist hier die Übung mit dem Brief. Siehe ebenfalls Kapitel »Es ist nie zu spät für eine glückliche Vergangenheit«, Seite 104. Im Gegenzug dazu machst du einen »neuen inneren Ordner« in deinem Unterbewusstsein. Dieser heißt »Freudvolle Bilder und Erlebnisse«. Hier »speicherst« du all deine freudvollen Erlebnisse ab. Begegnungen mit deinen liebsten Herzensmenschen, deinen letzten Traumurlaub, Bilder von deinem Lieblingshobby. Jedes Mal, wenn du in deiner geistigen Vorstellung »diesen Ordner« öffnest, erzeugst du Glücksgefühle. Das ist mentales Training im Alltag, so programmierst du dich von Problemsucher auf Glücksfinder!

Programmiere dich auf »Glücksfinder«. Wenn wir unser Unterbewusstsein negativ speichern können, dann lautet die gute Nachricht, dass wir es im Umkehrschluss auch positiv programmieren können. Sage etwas lang genug, intensiv genug und oft genug und irgendwann glaubst du es. So legen wir ein neues Programm beziehungsweise Verhaltensmuster an, siehe Kapitel »Tschüss, Gewohnheitstier!«, Seite 114. Weigere dich ab sofort, deine wertvolle Zeit mit schlechten Gefühlen zu verschwenden. Von den guten Gefühlen gibt es genug, suche dir die aus, die du gerne und oft empfinden möchtest. Versuche mindestens einmal am Tag dieses Gefühl tief in dir zu spüren. Eines der stärksten und positivsten Gefühle neben Liebe ist Dankbarkeit, deshalb habe ich dem Thema Dankbarkeit auch ein eigenes Kapitel gewidmet. Dieses starke Gefühl wird dein Leben mehr als verändern, mache also dein »Denken zum Danken«. Ebenso sind Wertschätzung und Begeisterung ein starker »Lebensfreude- und Glückstrigger«, deshalb verdienen diese wertvollen Tugenden ebenso ein eigenes Kapitel.

Gerne möchte ich dir noch eine Auswahl an positiven Gefühlen für deine »Glücksfinder-Programmierung« mitgeben.
- Liebe
- Zwischenmenschliche Beziehungen
- Herzlichkeit
- Großzügigkeit
- Freude
- Selbstvertrauen
- Entschlossenheit
- Mut

Habe jedoch Geduld mit dir und deinen Ängsten und Sorgen, es geht nicht über Nacht. Ein Gefühls- beziehungsweise Reaktionsmuster, welches du 30, 40 oder 50 Jahre hattest, »verschwindet« nicht so einfach. Sobald es dir jedoch gelingt, schlechte Gefühle durch gute zu ersetzen, durchbrichst du dein altes Muster. Irgendwann wirst du gar nicht mehr wissen, wie du deine schmerzhaften Gefühle aktivieren konntest, denn sie sind nicht mehr da, einfach weg. Mache dich also auf den Weg, hege und pflege deinen positiven »Garten der Glücksgefühle«.

MEIN DIAMANT FÜR DICH

Gute Gefühle lassen sich auch durch Einflüsse von außen »erzeugen«, indem du besonders gut für dich sorgst und dir zum Beispiel dein Lieblingsgericht kochst oder essen gehst, schöne Musik hörst, ein nährendes Buch liest, dich mit deinem Lieblingsmenschen triffst oder ihn anrufst, einen schönen Spaziergang machst, dein Lieblingshobby ausübst oder dir ein genussvolles Vollbad gönnst. Lerne dich selbst immer besser kennen und finde heraus, was dir besonders guttut.

VIII. Hallo Ziel, ich komme!

Es ist nicht genug zu wissen – man muss auch anwenden.
Es ist nicht genug zu wollen –man muss auch tun.
Johann Wolfgang von Goethe

Ziele richtig setzen und erreichen

Wer keine Ziele hat, weiß auch nicht, wie er sie erreichen kann. Bevor ich dir erkläre, dass es wichtig ist, deine Wünsche und Ziele schriftlich festzuhalten, möchte ich dir meinen persönlichen Zugang näherbringen. Alle deine Ziele sollten ein gemeinsames Hauptziel haben, nämlich *deine eigene Persönlichkeit völlig zur Entfaltung und zum Leuchten zu bringen.* Natürlich sollten und dürfen auf dieser »Ziel- und Wunschliste« auch deine beruflichen und materiellen Wünsche stehen. Karriere zu machen, viel Geld zu verdienen und ein schickes Auto zu fahren sollte jedoch nicht der einzige Antrieb hinter deinem Ziel und Wunsch sein. Brian Tracy beschreibt es in seinem Buch »Think Big« sehr schön mit dem Satz:»Das, wonach sich dein Herz sehnt, ist genau das, wofür du auf die Welt gekommen bist!«

Viele Menschen unterliegen hier dem Irrglauben, dass, wenn sie eine bestimmte Position in ihrem Leben erreicht haben, dadurch ein besserer und wertvollerer Mensch seien. Sie definieren ihr Selbstwertgefühl über die Stufe ihrer Karriereleiter. Der Glaubenssatz dahinter lautet:»Ich muss etwas SEIN, damit ich jemand BIN.« Ich empfehle dir hier, den Satz umzudrehen. Finde das, was du schon BIST, und Erfolgreich-SEIN folgt wie von selbst. Vielleicht einfacher erklärt, finde dein persönliches»Warum«. Es ist uns bewusst, dass materieller Besitz langfristig nicht glücklich macht. Das Einzige, was uns langfristig glücklich machen kann, ist das»Wer« und was wir als Mensch sind. Ich persönlich bin davon überzeugt, dass wir nur so wahres, tiefes Glück erfahren können. Erfolg zu haben bedeutet für jeden von uns etwas anderes. Natürlich gehört hier der berufliche Erfolg dazu und auch materielle Güter und schöne Dinge dürfen wir genießen. Erfolgreich zu sein kann aber auch bedeuten, eine glückliche, harmonische Familie zu haben, ein Musikinstrument zu spielen, ein Hobby zu haben oder ein sportliches Ziel zu erreichen. Ich reduziere es noch weiter: Erfolgreich bist du dann, wenn du glücklich und zufrieden bist.

Deine Persönlichkeit braucht ein starkes Fundament aus guten Werten, das ist eines der wichtigsten Elemente, um deine Ziele zu erreichen und für langfristigen Erfolg. Arbeite an dir und mache dich immer mehr zu der Person, auf die du stolz sein kannst.

Wer keine Ziele und Wünsche hat, treibt orientierungslos auf dem offenen Meer. Der Kapitän eines Schiffes würde sich auch nicht auf die Reise machen, ohne sein Ziel zu kennen, und genauso verhält es sich mit den Zielen. Es ist also sehr wohl wichtig zu wissen, wohin deine Reise gehen soll, und eine lohnende Vision zu haben. Aus der Motivations-

155

psychologie weiß man, dass 80 Prozent von Motivation auf Vision zurückzuführen sind. Wer also weiß, warum er etwas tut, und darin einen Sinn sieht, bringt auch die notwendige Energie auf – und genau diese braucht es.

Ich bin jedoch ehrlich gesagt keine Freundin vom sogenannten Ziel-Erreichungs-Wahn. Viele hetzen von einem Ziel zum nächsten, und wenn ein Ziel erreicht ist, kommt das nächste und dann das nächste. Manche nehmen sich nicht einmal die Zeit, einen Erfolg zu genießen, und hasten schon zum nächsten, ohne dabei wahrzunehmen, welche schönen Erfahrungen das Leben für sie bereits am Weg zum Ziel bereithält. Erfolg hat nur der, der etwas für seine Ziele tut. Es stimmt schon, konsequentes Dranbleiben ist auch wichtig, aber bitte geh deinen Weg in deinem eigenen Tempo, das nur du bestimmst und kein anderer.

Das heißt auch nicht, dass du es dir wieder in deiner Komfortzone gemütlich machen solltest und mit Kompromissen leben solltest. Ganz im Gegenteil. Zu viele warten auf den richtigen Zeitpunkt und dann brauchen sie noch diverse Ausbildungen und glauben, dass ihnen noch dies und das fehlt, bevor sie loslegen können. Manche warten ein ganzes Leben lang auf etwas und verpassen dabei unzählige ungenutzte Chancen und Gelegenheiten.

Ein Ziel oder ein Wunsch sollte realistisch und erreichbar sein. Du beziehungsweise dein Verstand müssen daran glauben können. Es sollten *deine* persönlichen Ziele und Wünsche sein. Viele Menschen erkennen oft sehr spät, dass sie »eigentlich« gar nicht ihre eigenen Ziele, sondern bisher die »auferlegten« Ziele anderer, wie zum Beispiel Familie, Partner und Chef, gelebt haben. Beim Definieren deiner Ziele solltest du Folgendes beachten:

- Halte deine Ziele immer schriftlich fest.
- Dein Ziel muss positiv formuliert sein.
- Es soll dich motivieren und fordern.
- Es soll realistisch und glaubhaft sein.

- Bestimme zu jedem Ziel einen zeitlichen Rahmen.
- Deine Ziele sollten sich gegenseitig unterstützen.
- Arbeite regelmäßig mit deiner Zielliste.
- Visualisiere deine Ziele regelmäßig.
- Erstelle dir dazu als Unterstützung ein »Vision-Board«.

Richte deine Gedanken und Visionen ab sofort nur noch auf dein Ziel und beseitige alle Blockaden und Zweifel, die dich davon abhalten, deine Wünsche und Ziele zu erreichen. Ein Ziel ist ein definierter Endpunkt eines Prozesses. Um dieses erfolgreich zu erreichen, bedarf es der Begeisterung und Hingabe zur Sache, Vertrauen sowie den Willen und den Glauben an sich selbst.

In meinen Seminaren bekommen die Teilnehmer die Aufgabe gestellt, mindestens 20 Ziele zu formulieren und diese Liste dann auf weitere 50 zu ergänzen. Viele sind mit dieser Menge überfordert und sehen mich ratlos an. Grund dafür ist ihre Orientierungslosigkeit und die Unkenntnis davon, was sie wirklich wollen. Sie wissen lediglich das, was sie nicht wollen. Sie sind somit auf Mangel fokussiert, und wer seine Aufmerksamkeit auf Mangel richtet, wird diesen auch anziehen. »Das Leben« antwortet immer, und zwar prompt. Deshalb ist es so wichtig, dass du dich auf dein Ziel konzentrierst und weißt, was du willst. Die wertvolle Erkenntnis aus dieser Übung ist jedoch, dass, wenn man sich erst einmal die Frage gestellt hat, wohin man sich überhaupt entwickeln möchte, in unserem Unterbewusstsein eine Art Suchlauf startet. Somit hast du einen »inneren Prozess« aktiviert und plötzlich fällt dir das Niederschreiben deiner Ziele und Wünsche leichter. Häufig sagen mir meine Teilnehmer, dass sie das nicht niederzuschreiben brauchen, denn sie haben ihre Ziele im Kopf. Schreiben hat eine Verbindlichkeit und ist wie ein Vertrag mit dir selbst. Deshalb ist es wichtig, deine Ziele und Wünsche schriftlich festzuhalten.

Übung

Schreibe eine Liste mit all deinen Wünschen und Zielen und setze dahinter ein Datum. Arbeite regelmäßig mit dieser Liste. Es kommen immer wieder neue Ziele hinzu, manche fallen auch weg. Setze einen Haken hinter jene Ziele, die du erreicht hast. Es vermittelt dir ein enormes Glücksgefühl, wenn du deine Fortschritte schriftlich festhältst. Es motiviert dich zusätzlich zum Weitermachen. Bleibe dran und erlaube dir, groß zu denken. Beobachte dabei deine Entwicklung und überprüfe vor allem, ob du mit deinem »Schiff« auf dem Ozean des Lebens auch in stürmischen Zeiten auf dem richtigen Kurs bist!

Wenn das Leben deine Pläne kreuzt

Von meiner persönlichen Wunschliste aus dem Jahr 2012 haben sich bereits 80 Prozent meiner Wünsche erfüllt. Ich habe meine Ziele in kurz-, mittel und langfristige Ziele unterteilt und nach den kurz- und mittelfristigen Zielen konnte ich bereits einen Haken dahinter setzen. Das ist ein sehr erhebendes Gefühl. Unter anderem stand auf dieser Liste bei meinen mittelfristigen Wünschen, dass ich gerne ein Buch schreiben möchte, und siehe da, jetzt ist es so weit! Meine Selbstständigkeit war jedoch zum damaligen Zeitpunkt auch nicht geplant, und wenn ich noch weiter zurückgehe, dann gibt es auch eine Zielliste aus dem Jahr 2001, das war das Jahr, in dem ich meinen 30. Geburtstag feierte. Auf dieser Liste standen neben meinen beruflichen Zielen zum Beispiel auch meine privaten Wünsche wie ein Haus im Grünen sowie eine glückliche, harmonische Familie. Der erste Wunsch hat sich erfüllt, jener mit der harmonischen Familie jedoch leider nicht. Die Frage stellt sich hier, wie gehst du damit um, wenn du dein Ziel nicht erreichst beziehungsweise deine Wünsche sich nicht erfüllen? Es ist wichtig, dranzubleiben und deine Ziele mit der entsprechenden Portion Selbstdisziplin, Mut und Willenskraft zu verfolgen. Ich möchte dich jedoch auch auffordern, nicht zu krampfhaft dein Ziel zu verfolgen und offen zu bleiben für die »Sprache der Lebensumstände«, denn vielleicht hat das Leben etwas ganz anderes mit dir vor. *Merke dir, wenn eine Tür nicht aufgeht, dann ist es nicht deine, und wenn sie aufgeht, dann ist es deine.* Viele verfolgen hartnäckig ein Ziel und merken dabei gar nicht, dass das Leben etwas anderes mit ihnen vorhat. Natürlich ist es wichtig, nicht gleich bei der ersten Hürde und beim ersten Widerstand aufzugeben. Wenn du jedoch zu sehr »kämpfen musst« und immer wieder scheiterst, empfehle ich dir, eine Kurskorrektur vorzunehmen. Wir sollten dann aufhören zu kämpfen. Die Menschheit kämpft ohnehin schon zu viel, gegen Krankheiten, für ein Ziel und die meisten gegen sich selbst. »Ich muss mich durchkämpfen« lautet das Lebensmotto vieler Menschen. Erst kürzlich eröffnete ein Klient unser Gespräch, indem er mir mitteilte, er sei ein Kämpfer. Entsprechend waren auch seine Körpersprache und sein Anliegen, mit dem er zu mir kam. Das passte alles zu seiner Grundhaltung. Speziell für Männer, die oftmals gelernt haben, immer stark sein zu müssen, ist es eine Riesenerleichterung, wenn sie sich endlich erlauben und gestatten, einmal schwach sein zu dürfen. Denn zu seinen Schwächen zu stehen und diese zu zeigen ist eine große Stärke und spricht für wahre innere Größe.

Wenn also nicht eintritt, was du geplant hast oder du dir wünschst, dann gehört es nicht zu dir und es wartet noch etwas Besseres auf dich. Diese Grundhaltung erfordert jedoch viel Vertrauen, denn viele Menschen können nicht glauben, dass das Leben *immer* das Beste für sie bereithält, vor allem, dass sie es verdient haben. Viele haben Angst loszulassen und bleiben deshalb zum Beispiel in ungesunden Partnerschaften, nur weil sie Angst vor dem Alleinsein haben, oder stecken aus Angst, dass nichts »Besseres« mehr nachkommt, in einer unbefriedigenden beruflichen Situation fest. Ich möchte dir hier Mut machen, nicht mit faulen Kompromissen zu leben, denn dafür ist deine Lebenszeit zu wertvoll und ich weiß aus meiner persönlichen Erfahrung, Mut wird immer belohnt.

Auf meiner Zielliste stand zum Beispiel nie, dass ich vorhabe, »Karriere« zu machen. Über meinen persönlichen Prozess des Loslassens habe ich im entsprechenden Kapitel bereits berichtet und glaube mir, das war kein einfacher Weg! Ich habe alles losgelassen, meinen Herzenswunsch, eine Familie zu haben, meine damalige Partnerschaft, meinen sicheren Job und nicht zuletzt meine äußere Sicherheit, mein Haus. Es erfordert sehr viel Mut, alle vermeintlichen Sicherheiten im Außen aufzugeben. Als ich jedoch vor dem Schritt in meine Selbstständigkeit die alles entscheidende Frage an das Leben stellte: »Was hast du eigentlich mit mir vor?« Die Antwort folgte sehr rasch und von da an habe ich enormen Rückenwind und Unterstützung bei all meinen Vorhaben und Projekten erhalten. Ich bin zur richtigen Zeit am richtigen Ort, treffe die richtigen Menschen und erfahre und erlebe Unterstützung, wo es nur möglich ist. Ich war für die Zeichen, die das Leben mir schickte, offen und habe mich für jenen Weg entschieden, der sich für mich gut anfühlte. Diese Erfahrung möchte ich sowohl dir, liebe Leserin, lieber Leser als auch meinen Seminarteilnehmern weitergeben. Alles, was sich für dich gut anfühlt, ist für dich bestimmt. Viele treffen jedoch ihre Entscheidungen nur noch aus rationalen Gründen und haben dabei vergessen, dass der Verstand einen wichtigen Partner hat – nämlich dein Herz und deine Intuition. Die beiden arbeiten als Team zusammen und leiten dich auf deinem Weg in deine wahre innere Größe.

Visualisiere deine Ziele

Wohl keine andere Sache hilft besser beim Erreichen deiner Ziele als Visualisierung. Erstelle dazu deine persönliche Collage mit all deinen Zielen und Wünschen. Schneide aus Zeitungen und Magazinen all das aus, was du in deinem Leben haben möchtest. Das können zum Beispiel eine neue Wohnung, ein neues Haus, ein Urlaub, dein Traumjob, ein Seminar, welches du besuchen möchtest, und vieles mehr sein. Sei kreativ und schränke dich dabei nicht ein. Wichtig dabei ist, dass du das Bild so platzierst, dass du es regelmäßig siehst. So identifizierst du dich immer mehr mit deinen Wünschen und Zielen. Je mehr du dich damit beschäftigst und je mehr du die Vorfreude empfinden kannst, desto schneller wirst du dein Ziel erreichen.

»Der Glaube versetzt Berge« (1. Korinther 13,2), wie es bereits in der Bibel geschrieben steht. Die Kraft des Glaubens und Vertrauens ist jene Säule, die uns Halt im Leben und uns Zuversicht und Optimismus schenkt. Unser Glaube ist sozusagen der Kompass, der uns zu unserem Ziel führt, und vermittelt uns ein Gefühl der inneren Gewissheit. Nachdem du deine Ziele und Wünsche schriftlich festgehalten hast, diese regelmäßig visualisierst und mit deinen guten Gefühlen und deinem unerschütterlichen Glauben auflädst, ist es wichtig, dass du aktiv wirst und handelst.

Wie du Zweifel in Mut verwandelst

Viele wissen gar nicht, wie es ist, sich gut zu fühlen. Sie haben schon lange keine Glücksgefühle mehr erlebt und vor lauter Angst wagen sie es deshalb häufig nicht, die Komfortzone zu verlassen und ins Handeln zu kommen. Aber die guten Glücksgefühle liegen außerhalb unserer Komfortzone. Deshalb ist der Pessimismus auch so weit verbreitet in unserer Gesellschaft. Die Ursache ist ganz klar auf die Vielzahl von

Ängsten und Zweifeln zurückzuführen. Ein grauer Schleier des Misstrauens hat sich über unsere Gesellschaft gelegt, was ich äußerst schade finde. Oftmals haben die Menschen Angst, wieder enttäuscht zu werden, und ersticken ihre Ziele oder ihre Vision im Keim. Ängste und Zweifel gehören zum Leben dazu und ich bin sicher, jeder, der im Leben eine Veränderung erlebt hat und neue Wege geht, kann das bestätigen. Die Frage ist nur, ob du dich von deinen Ängsten und Zweifeln beherrschen und blockieren lässt oder nicht. Sie sollten niemals die Kontrolle über dein Leben gewinnen. Erinnere dich daran, dass deine Ängste und Zweifel immer nur ein emotionaler Zustand sind, ebenso wie Begeisterung, Lebensfreude und Glück, siehe Punkt »Angst« im Kapitel »Die Macht unserer Gefühle«, Seite 147.

Ich weiß, was ich kann, und stelle meine Kompetenz nicht infrage, für die ganz große Bühne war ich jedoch damals noch nicht bereit. Das sollte sich rasch ändern. Ich startete ins Jahr 2019 und hatte bis dato noch nicht die geringste Ahnung, was mich in diesem Jahr erwarten würde, denn nichts davon stand auf meiner Zielliste. Danach geschah wahrlich ein Highlight nach dem nächsten. Ich besuchte einen Intensivworkshop für Speaker und unterzeichnete im Anschluss daran den Vertrag für mein erstes Buch. Im August folgte die Reise in meine Lieblingsstadt New York, wo ich eine der intensivsten und schönsten Wochen meines bisherigen Lebens erlebte. Neben dem dreitägigen Workshop an der *Lee Strasberg Schauspielschule* und der anschließenden Teilnahme am dortigen Redewettbewerb durfte ich dort auch noch vielen bereichernden Menschen begegnen. Was für ein Geschenk! Im Herbst dieses Jahres verkaufte ich noch mein Haus auf dem Land und zog in die Stadt. Aktuell schreibe ich mein erstes Buch in meinem neuen Heim. Das Jahr 2019 wird wohl als ein ganz besonderes in meiner Lebensgeschichte herausragen.

Was ich dir mitgeben möchte, ist Folgendes: Bleibe stets

offen für alle Möglichkeiten und Wunder, die das Leben für dich bereithält, und sei nicht zu sehr fixiert auf dein Ziel. Vertraue darauf, dass nur das Beste zu dir kommt, denn du hast nur das Beste vom Allerbesten verdient! Lass dich nicht eine Sekunde entmutigen, was einmal war. Lerne aus deinen Fehlern und Enttäuschung, und blicke wieder nach vorne. Nimm deinen ganzen Mut zusammen und geh weiter. Du musst auf nichts mehr warten, sobald du das verstanden hast, werden sich neue Wege und unzählige Möglichkeiten für dich eröffnen.

Willenskraft

Um deine Ziele und Wünsche zu erreichen, braucht es die nötige Portion Selbstdisziplin, Mut und Willenskraft. Dies sind die Voraussetzungen, etwas zu Ende zu bringen, auch wenn die anfängliche Begeisterung schon längst verflogen ist. Wenn die Glut der Begeisterung noch glüht, ist es meistens einfach, mit einem Projekt zu starten. Interessant wird es dann, wenn du mit den ersten Hindernissen und Zweifeln konfrontiert bist. Wie wirst du darauf reagieren? Wirst du gleich aufgeben oder weitermachen? Hier trennt sich die Spreu vom Weizen. Die Sieger erkennt man am Start, die Verlierer allerdings auch. Probleme gehören dazu, und wir können an ihnen wachsen. Im Wort Pro-blem steckt die Silbe »Pro«, das heißt, es ist immer »für« uns und nicht gegen uns, andernfalls hieße es »Kontra-blem«. Anders formuliert: In jedem Problem steckt bereits die Lösung. Solltest du wieder einmal das Gefühl haben, dass dich Probleme und Zweifel überwältigen, dann denke stets daran, dass wir in solchen Zeiten in unserer Persönlichkeit reifen. Viele kennen vielleicht das Gefühl, wenn ein Problem sie schon mal so richtig in die Knie gezwungen hat und wie gut es sich hinterher anfühlt, es bewältigt zu haben. Wir mobilisieren unsere ganzen

Kräfte und können zeigen, was in uns steckt. Das stärkt wiederum unsere Willenskraft.

Warum zögern manche so lange, um etwas umzusetzen, von dem sie wissen, dass es ihnen guttun würde? Wieso dauert es noch ein halbes Jahr, um endlich mit dem geplanten Sportprogramm loszulegen oder bis man den Job, in dem man schon so lange unzufrieden ist, endlich kündigt? Es ist das bekannte Muster, dem wir alle unterliegen – entweder wollen wir Schmerz vermeiden oder Freude gewinnen. Wir werden permanent von diesen beiden Kräften gesteuert und tun alles, um Schmerz zu vermeiden oder Freude zu gewinnen. Das ist das Urprogramm, nach dem alle Menschen funktionieren. Angenommen, du nimmst dir vor, regelmäßig laufen zu gehen, aber dein Kopf hat damit nur Bilder von Anstrengung und Schmerz gespeichert. Vermutlich gibst du schon im Vorfeld auf. Auch wenn noch so viele rationale Gründe für das Laufen sprechen, dein »Schmerz-Barometer« sagt Nein. Das ist übrigens auch der Grund dafür, warum Neujahrsvorsätze bereits am dritten oder vierten Tag scheitern.

Umgang mit Niederlagen und Rückschlägen

Eine Studie von Dr. Martin Seligman über »erlernten Optimismus« an der Universität von Pennsylvania bestätigt, dass der eigene »Erklärungsstil« der entscheidende Faktor dafür ist, ob man eher ein positiver oder ein negativer Mensch ist. Wenn deine Beschreibungen eher negativ sind, dann neigst du auch dazu, negativ zu denken. Umgekehrt bestätigen Seligmans Untersuchungen, dass positive Menschen eine Niederlage als eine spezifische Situation betrachten und nicht als einen langfristigen allgemeinen Zustand.

Ein Beispiel: Angenommen, ein Skirennläufer fällt beim Rennen aus; gäbe er danach fünf Interviews darüber, wie schlimm sein Ausfall war, dann hätte er einen »Eintrag« in seinem Unterbewusstsein »Angst vor Ausfall«. Natürlich arbeiten alle Spitzensportler mental und können mit einer Niederlage scheinbar souverän umgehen. Aussagen wie »Die Situation ist für mich abgehakt, mein Blick richtet sich nach vorne« sind antrainiert und helfen, mit Rückschlägen umzugehen. Ein anderes Beispiel: Ein Verkäufer bekommt eine Absage von seinem Kunden. Ein optimistischer Verkäufer wird die Absage nicht auf seine persönliche Leistung beziehen und sich selbst, seine Dienstleistung oder sein Produkt nicht infrage stellen. Sicher geht er davon aus, dass der Kunde einen schlechten Tag oder keine Zeit hatte und denkt sich: »Beim nächsten Kunden mache ich einen Abschluss.«

 MEIN DIAMANT FÜR DICH

Bleibe also stets offen für alle Möglichkeiten und Wunder, die das Leben für dich bereithält, und sei nicht zu fixiert auf dein Ziel. Vertraue darauf, nur das Beste kommt zu dir, denn du hast nur das Beste vom Allerbesten verdient. Lass dich nicht eine Sekunde entmutigen, was einmal war. Lerne aus deinen Fehlern und Enttäuschung, und blicke wieder nach vorne. Nimm deinen ganzen Mut zusammen und geh weiter.

Leben im Hier und Jetzt

Zeit ist die wichtigste Ressource deines Lebens. Sie ist dein kostbarstes Gut. Sie ist nicht unbegrenzt, gehe deshalb sehr wertvoll und achtsam mit ihr um. Entscheide dich, so viel wie möglich aus dieser wertvollen Lebenszeit zu machen – und zwar den Tag nicht mit noch mehr Aktivitäten zu verplanen, sondern deine kostbaren Stunden für die Dinge im Leben zu verplanen, die dir wichtig sind. Lerne also, bewusster und achtsamer mit dieser wichtigen Ressource umzugehen, und verschwende sie nicht.

Um deine Zeit effizient zu nutzen, ist es sinnvoll, deine Termine und Aufgaben schriftlich festzuhalten. Der Hauptgrund, warum so viele Menschen sich verzetteln, ist, dass sie den größten Teil ihrer Zeit mit unwichtigen Aufgaben verbringen. Dein Tag soll deshalb mit den richtigen Dingen ausgefüllt sein. Fortschritt ist nur möglich, wenn du Prioritäten setzt. Dabei kann dir auch wieder die 80-zu-20-Regel helfen. Sie besagt, dass 80 Prozent des Erfolges durch 20 Prozent unseres Einsatzes entstehen. Anstatt sich also Hals über Kopf in eine Aufgabe zu stürzen, solltest du dir genügend Zeit für deine Planung nehmen. Schreibe dir eine Liste und unterteile deine Aufgabe in vier Klassen: A-B-C-D-Aufgaben.

- **A-Aufgaben** sind jene mit der höchsten Priorität und dürfen nicht aufgeschoben werden. Sie müssen vollständig erledigt werden.
- **B-Aufgaben** sind ebenfalls wichtig, haben jedoch nicht oberste Priorität und werden gleich im Anschluss an die A-Aufgaben erledigt.
- **C-Aufgaben** sind meist Routinearbeiten, die etwas Aufschub vertragen. Das sind meist auch jene Aufgaben, die man sehr gut delegieren kann.
- **D-Aufgaben** sind weder wichtig noch dringend. Sie können immer delegiert werden.

Es hat sich sehr bewährt, eine Aufgabe nach der anderen zu erledigen, nicht zu viele Zyklen gleichzeitig zu beginnen. Du konzentrierst dich auf eine Sache, und wenn diese Aufgab erledigt ist, folgt die nächste. Somit hast du sichergestellt, dass du fokussiert bleibst. Das Geheimnis gelungener Lebensführung ist die Konzentration auf das Wesentliche. Das heißt, dass wir auch lernen dürfen, Grenzen zu setzen und Nein zu sagen. Vermeide jegliche Zeitverschwendung mit Dingen, Situationen und Menschen, die dich nicht nähren und dir deine wertvolle Lebenszeit und -energie rauben. Das kann oftmals wie ein großer Befreiungsschlag wirken. Endlich stellst du deine Prioritäten und Ziele in den Vordergrund. Wenn Überbelastung dein Thema ist, dann gib deiner Zeit mehr Wert. Mache einen Schnitt und steige aus der Hetze des Alltages aus. Befreie dich von jeglichen unnötigen »Zeitfressern« und gib deinen Wünschen und Bedürfnissen endlich den Stellenwert, den sie verdienen.

Beachte bei deiner persönlichen Zeitplanung auch deinen Biorhythmus. Dieser sagt dir, wann du konzentriert arbeiten kannst und wann nicht. Am Morgen beziehungsweise am Vormittag schaffen wir meistens mehr. Am Nachmittag sinkt die Leistungskurve etwas ab und am Abend regenerieren wir uns dann wieder. Plane deine A- und B-Aufgaben jeweils in deine effizientesten Stunden des Tages ein, das wird deine Produktivität erheblich steigern.

Der Verstand versucht häufig, das Jetzt zu leugnen und davor zu flüchten. Wir sollten uns bewusst werden, dass der gegenwärtige Augenblick alles ist, was wir je haben werden. Je stärker wir uns auf unsere Vergangenheit oder Zukunft fokussieren, umso mehr entgeht uns die Kostbarkeit des gegenwärtigen Augenblickes. Nichts geschieht in der Vergangenheit und nichts geschieht in der Zukunft, alles geschieht im gegenwärtigen Augenblick – im Jetzt.

Das Problem mit Vergangenheit und Zukunft ist, dass beides Illusionen sind. Viele leben in den schmerzhaften Erinnerungen der Vergangen, und projizieren diese als Ängste in ihre Zukunft. Das Gestern ist unabänderlich vorbei und wir dürfen endlich damit abschließen.

 MEIN DIAMANT FÜR DICH

Das Morgen haben wir noch vor uns, doch alles, was du in deinem Leben beeinflussen kannst, passiert im Hier und Jetzt. Egal wie schön oder schmerzhaft dein Tag gestern war, er ist vorbei, verflogen, vorüber. Egal wie du dir den morgigen Tag ausmalst, dieser existiert nur als Vorstellung in deinem Kopf. Der einzige Punkt, an dem das Leben stattfindet und an dem du die Chance hast, etwas zu verändern, ist genau hier und jetzt.

ANHANG

Danksagung

Das erste Buch zu schreiben ist mit Sicherheit ein besonderes Erlebnis für jeden Autor. Es war mir besonders wichtig, das mit meinen eigenen Worten zu tun, und so stellte ich mich dieser Herausforderung. Es begann ein intensiver Prozess, der mich emotional und mental sehr forderte. Mir war es besonders wichtig, meine Leser auf der Herzens- und Seelenebene zu erreichen, deshalb gebe ich in diesem Buch viel Persönliches von mir preis. Ich beleuchte verschiedene Aspekte – und zwar nicht durch die rosa Brille, denn ich möchte, dass meine Leser nicht nur meine Stärken, sondern auch meine Schwächen kennenlernen.

Von Herzen danke ich dir, lieber Nick Sinanan, dass du mich mit deiner Geduld und deinem wertvollen Feedback durch diese intensive Zeit begleitet hast. Du hast maßgeblich zu diesem Werk beigetragen, somit ist es auch ein Stück »unser Buch«. Ulrike Luckmann danke ich für ihre inspirierenden Anregungen beim Konzept und Sandra Eder für ihren so wertvollen und professionellen Feinschliff beim Text.

Ich danke all den Lehrerinnen und Lehrern und Mentoren meines Lebens, die mich erkannt, gefördert und begleitet haben und immer das Beste in mir sahen. Ihr habt mein Leben auf bedeutsame Weise geprägt.

Ich danke all meinen Kunden und Seminarteilnehmern für das Vertrauen in meine Arbeit und die vielen wertvollen Feedbacks. Ich mache weiter und bleibe dran – versprochen.

Und obwohl sie leider im physischen Leben nicht mehr bei mir sind, danke ich meinen Liebsten im Himmel, allen voran meinen Eltern und meinen geliebten Geschwistern Anneliese und Hans, ihnen widme ich dieses Buch. Ich vermisse euch sehr und fühle euch jeden Tag bei mir. Bei jedem Gedanken an euch wird mir warm ums Herz. Für diese Verbundenheit bin ich unendlich dankbar.

Ich danke meiner Familie, vor allem meiner Schwester Rosi, die mich in jeder Lebenslage mit ihrer bedingungslosen Liebe unterstützt und so selbstverständlich für mich da ist. Ich könnte noch eine Vielzahl von Menschen nennen, die mein Leben auf bedeutsame Weise geprägt haben. Ich bin zutiefst dankbar für all die Geschenke und Spuren, die ihr in meinem Herzen hinterlassen habt.

Dem Goldegg Verlag, allen voran meiner Lektorin Anna Sulik, danke ich für das entgegengebrachte Vertrauen und die Möglichkeit, dieses Projekt gemeinsam zu realisieren.

Quellenverzeichnis

Arntz William, Chasse Betsy, Mark Vicente: Bleep – das Buch
    zum Erfolgsfilm, Wilhelm Heyne Verlag 2012
Asgodom Sabine, Eigenlob stimmt, Econ Verlag, 2003
Bauer Joachim: Prinzip Menschlichkeit, Heyne-Verlag, 2014
Beattie Melody: Kraft zum Loslassen, Heyne-Verlag, 1990
Ben Said Daniela A., Be different or die, Geest-Verlag, 2012
Beth Rober, Dein Weg zur Selbstliebe, GU-Verlag, 2018
Betz Robert: Willkommen im Reich der Fülle, Heyne-Verlag,
    2015
Birkenbihl Vera F.: Stroh im Kopf?, mvg-Verlag, 2018
Bischoff Christian, Selbstvertrauen, Ariston-Verlag, 2014
Chopra Deepak: Die sieben geistigen Gesetze des Erfolgs, Ull-
    stein Verlag, 2004
Coelho Paulo: Der Sieber bleibt allein, Diogenes 2012
De Saint-Exupéry Antoine, Der kleine Prinz, Loewe-Verlag,
Dispenza Joe: Du bist das Placebo, Koha-Verlag, 2015
Dispenza Joe: Ein neues Ich, Koha-Verlag, 2016
Dispzenza Joe: Werde übernatürlich, Koha-Verlag, 2018
Dutton Kevin, Gehirnflüsterer, dtv-Verlag, 2012
Egli René: Das LOLA-Prinzip, Editions d'Olt, 1994
Emoto Masaru: Die Antwort des Wassers, Koha-Verlag, 2001
Fink Klaus J.: Topselling, Gabal-Verlag, 2015
Franckh Pierre: Das Gesetz der Resonanz, Koha-Verlag, 2014
Fredmund Malik: Führen, Leisten, Leben, Campus-Verlag,
    2007
Grabhorn Lynn: Aufwachen, dein Leben wartet, Goldmann-
    Verlag, 2004
Grössing Dietmar: Finde deine Bestimmung, Erfolgs-, Lebens-
    freude- und Ideenjournal, 2008
Harari Noah Yuval: 21 Lektionen für das 21. Jahrhundert,
    C.H.-Beck-Verlag, 2020
Hartmann Alexander: Mit dem Elefant durch die Wand, Aris-
    ton-Verlag, 2015
Hay Louise: Finde deine Lebenskraft, Allegria, 2016

Hay Louise: Gesundheit für Körper und Seele, Ullstein-Verlag, 2004

Hesse Hermann: Siddhartha, Suhrkamp-Verlag, 1974

Izzo John: Die fünf Geheimnisse die Sie entdecken sollten, bevor Sie sterben, Goldmann-Verlag, 2012

Kalbheim Eva: Den inneren Schweinehund bändigen, Wiley-VCH Verlag GmH, 2019

Kössner Christa: Schlüssel zum Glücklich-Sein, Ennsthaler-Verlag, 1999

Lindau Veit: Heirate dich selbst, Kailash-Verlag, 2013

Lipton Bruce H.: Intelligente Zellen, Koha-Verlag, 2011

Proctor Bob: Erkenne den Reichtum in dir, Life Succes Media GmbH, 2018

Roland Catharina: Awake, Trinty-Verlag, 2012

Scherer Hermann: Von den Besten profitieren, Gabal-Verlag, 2002

Scheuermann Ulrike: Selfcare – Du bist wertvoll, Knaur-Verlag, 2019

Sharma Robin S.: Der König, der ohne Krone regiert, Knaur-Verlag, 2013

Spitzer Manfred, Digitale Demenz, Droemer-Verlag, 2012

Starkmuth Jörg: Die Entstehung der Realität, Warlich Druck Meckenheim GmbH, 2010

Stone Maryan: Energie-Vampire, Heyne-Verlag, 2011

Tepperwein Kurt: Die geistigen Gesetze, Goldmann-Verlag, 1992

Tolle Eckhart: Leben im Jetzt, Arkana-Verlag, 2002

Tracy Brian: Thinking Big, Gabal-Verlag, 2018

Walsch Neal Donald: Gespräche mit Gott, Goldmann-Verlag, 2006

Winfrey Oprah: Was ist vom Leben gelernt habe, Fischer-Verlag, 2018

Yilmaz Bahar: Du wurdest in die Sterne geschrieben, Integral-Verlag, 2019

Internetlinks

http://www.imas.at/index.php/de/
https://de.wikipedia.org/wiki/Wikipedia:Hauptseite
https://karrierebibel.de/kommunikation
https://karrierebibel.de/selbstbewusstsein-selbstvertrauen/
https://www.faz.net/aktuell/feuilleton/medien/medienkonsum
https://www.nrz.de/wochenende/
wir-sehen-was-wir-sehen-wollen
https://www.google.com/search?client=firefox-b-
d&q=imas+report+top+10+versäumnisse+
https://www.palverlag.de/perfektionismus-testhttps://www.
aphorismen.de/
htthttps://neobeats.de/fakten-gehirn/
https://de.wikipedia.org/wiki/Bewusstseinszustand
https://de.wikipedia.org/wiki/Rosenthal-Effekt
https://ready-to-win.com/wp19/tag/gelernter-optimismus/

Leserstimmen

»Die Autorin bringt klar und eindrucksvoll auf den Punkt, wie entscheidend eine starke, selbstbewusste Persönlichkeit für den beruflichen Erfolgsweg ist. Wer sich immer schon gefragt hat, wie es gelingt, sich selbst auf diese Erfolgsspur zu bringen und seinen Selbstwert und somit Marktwert zu steigern, findet hier klare Antworten und Lösungen.«

Prof. Dr. LOTHAR SEIWERT, Certified Speaking Professional (CSP) und Global Speaking Fellow (GSF), Keynote-Speaker und Bestsellerautor „Simplify your Life" und „Die Intervall-Woche", www.Lothar-Seiwert.de

»Ein Mutmacherbuch voller Inspirationen und Lebensfreude – wie ein gutes Gespräch mit einer einfühlsamen Freundin. Prädikat sehr empfehlenswert!«

Mag. KRISTIN PELZL-SCHERUGA, Chefredakteurin Magazin Lust aufs LEBEN

»›Aus dem Leben, für das Leben‹ – dieses Buch ist ein Leitfaden für all jene, die im Leben weiterkommen wollen. Das Goethe-Zitat ›Das Außergewöhnliche geschieht nicht auf glattem, gewöhnlichem Wege‹ trifft es auf den Punkt. Man spürt in jedem Satz, dass die Autorin von erlebtem und nicht nur von theoretischem Wissen spricht! Sie lebt, wovon sie spricht und ist selbst mit ihrer Erfolgs- und Lebensgeschichte das beste Beispiel dafür, dass man alles sein kann, was man will. Leicht lesbar, sehr verständlich, praktisch und authentisch - einfach empfehlenswert.«

WALTER FORTUNAT, Marketingleiter PHOENIX Austria GmbH

»Ein gesunder Selbstwert ist die Basis für einen gewinnenden Auftritt, denn ohne Selbstwert ist keine charismatische, authentische Personenmarke möglich. Die sehr menschliche und verständliche Art der Autorin spricht mir aus der Seele. Ich werde dieses Buch all meinen Kunden empfehlen. Herzlichen Dank für dieses geniale Werk – es sollte bereits in der Schule Pflichtlektüre sein.«
SABINE ZETTL, *Style & Image Consultant, Personal Branding Expertin*

»›Das Leben darf Spaß und Freude machen – und zwar täglich!‹ Neben spannenden fachlichen Hintergründen zum Thema Selbstwertgefühl und Potenzialentfaltung bieten viele Übungen Praxistipps, um aus der eigenen Komfortzone auszubrechen und in ein neues, erfülltes und selbstbestimmtes Leben zu starten. Die Autorin schildert viele Alltagssituationen aus ihrem privaten und beruflichen Leben, die die Themen zusätzlich mit Leben füllen. Absolute Leseempfehlung für alle, die ihr Potenzial voll ausschöpfen möchten! Vielen Dank für dieses tolle Buch, das ich schon als Leseempfehlung in die Seminarunterlagen für meine Teilnehmer aufgenommen habe!«
BIRGIT STÜLTEN, *Management Beraterin und Trainerin für werteorientierte Führung*